창조과학과 바른 성경으로 발견한 진리와 진실들

창조 세계와 과학의 올바른 나침반

위정복 지음

증보판

진화론을 잠재우는
현직 마취과 전문의의 통쾌한 한 방!!

창조출판

초판1쇄 인쇄 2016년 2월 1일
초판2쇄 인쇄 2016년 4월 15일
증보판 발행 2018년 4월 30일

지은이 위정복

발행인 이왕재
펴낸곳 건강과생명(www.healthlife.co.kr)
주소 110-460 서울시 종로구 대학로7길 7-4 1층
전화 02-3673-3421~2 팩스 02-3673-3423
이메일 healthlife@healthlife.co.kr
등록 219-05-78242

편집 김재욱
총판 예영커뮤니케이션
전화 02-766-7912 팩스 02-766-8934
디자인 Rna(woogy68@naver.com)

정가 19,000원

건강과생명 2016
ISBN 978-89-86767-42-1 03300

'라온누리'는 '건강과 생명'의 새로운 출판브랜드입니다.

창조세계와 과학의 올바른 나침반

위정복 지음

생명의말씀사

CONTENTS 차례

Fossils

1장 | 화석과 창조의 원리

2장 | 삶 속에서 만나는 창조 섭리

3장 | 노아의 대홍수, 온 세상 가득한 증거

Dinosaur

4장 | 공룡, 알리바이를 남기다

Archaeology

Birds

여는 글

어둠을 비추는
생명의 나침반을 소망하며…

 칠흑 같은 밤바다를 항해할 때 올바른 방향을 가리키는 나침반이 있다면 희망이 있고 어떤 고난도 이겨낼 수 있다. 가끔씩 내가 걸어온 삶을 되돌아보면 크고 작은 파도 가운데서도 크게 항로를 벗어나지 않았던 것은 바로 '성경'이라는 바른 나침반과 기준이 있었기 때문이다.

 학창시절 운동장에서 모임이 있을 때 선생님이 누구 한 사람에게 기준을 외치라고 하면 그 아이는 손을 높이 들어 "기준!" 하고 외친다. 그러면 그를 중심으로 나머지 아이들이 모이는데, 기준점이 흔들린다면 전체가 요동칠 것은 빤하지 않겠는가.

 인간은 동물처럼 그저 배부르면 만족하는 존재가 아니고, 참된 진리를 찾아 헤매는 가장 고귀한 창조물이다. 그래서 '우리는 어떻게 생겨났을까? 지구를 포함한 태양계, 그리고 우주는 어떻게 생성되었지?'라는 기원(起源)에 관한 궁금증을 늘 지니고 있다.

이런 기원을 설명하는 데는 두 가지 입장 즉 세계관이 있는데, 하나는 오랜 시간 동안 우연히 수소원자에서 하등동물과 각종 고등동물, 원숭이를 거쳐 사람이 생겨났다는 '진화론'이고 다른 하나는 절대자가 어떤 목적을 지니고 설계하여 조성했다는 '창조론'이다. 진화론은 우주와 지구의 나이를 각각 137억 년, 46억 년 정도로 생각하는데 바른 증거는 하나도 없다. 반면에 창조론은 성경 기록대로 우주와 지구는 6일 만에 창조되었고 그 나이도 약 6천 년이라고 믿고 있는데 이를 지지해주는 증거는 셀 수 없을 정도로 풍부하다.

그런데 이 두 세계관은 관찰과 실험을 할 수 없기 때문에 과학(science)이 아니고 믿음(혹은 신념)인 것이다. 하지만 불공평하게 '진화론만이 과학(혹은 진리)이고 창조론은 종교'라며 오직 진화론만을 공교육에서 가르치고 있는 것이 오늘날의 현실이며 매우 안타까울 뿐이다.

이런 불합리한 세태를 도외시할 수 없어서 지금까지 약 2년간 80여 차례 '위정복의 창조과학 이야기'라는 제목으로 전북기독신문에 글을 기고하였다. 그동안 실린 글은 생명의 신비, 진화론 비판, 진화론의 아이콘, 화석 탐구, 성경과 고고학, 공룡의 신비, 노아의 대홍수, 성경과 한자, 그리고 성경과 날짐승 등이다. 지면상 두어 가지 주제는 제외하고 한 권의 책으로 묶게 되었다. 이 과정에서 정리를 새로 했으나 각기 다른 글에서 비슷한 내용이 강조되기도 하는데, 본래 글 한 편에서 다루어야 할 결론이 있으므로 독자님들의 양해를 바란다.

내 인생에는 중요한 전환점들이 있었는데 그 중 가장 극적인 것은 역시 처음 신앙생활을 하게 된 점이다. 유교를 숭상하는 한학자의 집안에서 태어난 후 대학 시절(1980년대) 광주에서 큰 소요사태를 직접 겪게 되었는데 그해 가을쯤 교회에 처음 출석해 성경적 기독 세계관을 접하게 되었다.

그 후 군의관 훈련을 마치고 공중보건의 시절에 창조과학을 알게 된 것은 나의 둘째 전환점이 되었다. 학교에서 진리라고 배운 진화론이 거짓임을 알았을 때는 잠시 허탈감도 느꼈지만 참된 진리에 눈을 뜨게 되자 오히려 감사했다.

전주예수병원에서 인턴을 마치고 전공과를 정할 때는 선배들의 조언도 듣고 주님께 기도하면서 마취통증의학과를 선택했는데, 이것이 나의 셋째 전환점일 것이다. 그동안 수술실에 드나든 수많은 환자들에게 복음을 전하면서 동시에 그들의 아픔을 통해 오히려 더 많은 것을 배우고 느낄 수 있었다.

2006년부터는 아내의 영향으로 렌즈를 통해 창조 세계를 들여다보는 사진 촬영을 취미로 하게 된 것, 약 5년 전 킹제임스 성경(KJB 1611)이라는 바른 성경과 종말 시대의 징조에 대한 여러 진실들을 알게 된 것은 아마 내 인생에 다시없을 전환기였다. 특히 창조과학은 주님이 지으신 세계가 성경에 기록된 것과 하나도 다르지 않음을 과학을 통해 입증하는 학문이므로 바른 성경이 필수적이다. 따라서 온전하게 보존된 킹제임스 성경을 접하게 된 것은 필자에게 크나큰 수확이었고, 주님의 은혜였던 것이다.

이와 같은 내 인생의 전환점들이 글을 쓰는 디딤돌이 되었다. 비록 화려한 문체는 아니지만 소중한 지식과 경험들, 직접 촬영한 사진들을 소재로 글을 내놓게 되어 감사할 뿐이다. 부디 이 책이 힘들고 지친 인생길을 가는 이웃에게 올바른 나침반과 밤바다를 밝히는 등대처럼 쓰임받기를 간절히 소원해본다.

이 책이 나오기까지 곁에서 응원해준 나의 사진 멘토 아내(손금숙)와 두 자녀(승연·은성)에게 사랑하는 마음을 전하고 싶다. 그리고 졸고를 선뜻 출판해주신 도서출판 라온누리 대표 이왕재 박사님, 편집부 이승훈 부장님, 장정선·유재은 자매님, 구체적인 조언뿐 아니라 알차게 편집을 해주신 김재욱 작가님, 바쁘신 중에도 흔쾌히 추천사를 써주신 정용비 목사님, 이은일 회장님, 정동수 목사님, 김승학 박사님, 박창성 목사님, 장기근 관장님, 박관 원장님, 김광 교수님, 장해영 대표님께 진심으로 감사를 드리는 바이다.

또한 멀리 떨어져 살고 있지만 서로 아껴주는 나의 형제자매(위창복·위복애·위점복·위승복·위복자), 항상 든든한 동업자인 마취통증의학과 식구들(이형구·김현명·김갑동·김동순·김태준 원장님과 임영신 실장님)에게도 집필과 출간을 간접적으로 지원해 준 것에 대해 고마운 마음을 전하고 싶다.

끝으로 각종 질병으로 고통받는 환자들과 천하보다 귀한 생명을 낳기 위해 산고를 겪는 모든 산모, 그리고 이들을 가족처럼 헌신적으로 돌보는 이 땅의 모든 동료 의사에게 아낌없는 격려를 보내드리며, 주님의 축복이 넘치길 간절히 기도드린다.

2016년 1월, 위정복

• 본문의 성경 구절은 킹제임스 흠정역 성경 400주년 기념판에서 모두 인용했습니다.
  (도서출판 그리스도예수안에, www.KeepBible.com)

예술에 타고난 재능이나 후천적 기질이 없는데 전문인의 길을 가려는 아이들에게, 전공하지는 말고 취미로 하면 더 멋지다고 권면하곤 합니다. 전공자이면서 그에 걸맞지 않은 실력이면 비난을 받지만, 비전공자가 웬만큼 하면 각광을 받기 때문입니다. 위정복 집사님이 그런 분입니다. 신학을 전공하지 않았으면서도 전공자 수준의 실력을 갖고 있고, 사진을 전공하지 않았으면서 프로의 실력을 갖추고 있는, 그래서 관심분야에 탁월한 식견과 실력을 갖추어 오히려 전공자들을 부끄럽게 하고 위축시키는 고약한(?) 실력자입니다.

자연에서, 공룡의 세계에서, 그리고 사진에 담기 쉽지 않은 작은 참새 한 마리에게서까지 찾아내는 하나님의 오묘하신 손길과 섭리를 이 책을 통해 모든 독자들이 함께 느낄 수 있었으면 좋겠습니다. 다윗이 왕이지만 시와 음악에 탁월하여 걸작의 일생을 살았던 것처럼, 의사지만 창조주 하나님을 드러내는 영광스러운 사역의 삶을 사는 걸작의 인생이 되기를 기도합니다.

정용비 전주 온누리교회 담임목사

하나님께서 창조하신 피조세계는 놀라운 설계의 증거를 보이고 있습니다. 초월적인 설계자가 존재한다는 것은 생명체와 물질세계의 질서가 뚜렷하게 보여주고 있습니다. 또한 지층과 화석 등은 전 지구적인 대격변의 부정할 수 없는 증거들입니다. 의사이면서 창조과학자인 저자는 자신이 직접 보고 만진 증거들을 하나하나 소개하면서 전능하신 창조주 하나님과 독자들이 만날 수 있도록 징검다리 역할을 하고 있습니다. 어렵게 느껴지는 창조과학이 아닌 일상의 삶에서 누구나 보고 만질 수 있는 것들을 통해 창조의 진리를 소개합니다.

캄캄한 밤, 파도가 치는 험한 바다를 비추는 등대의 빛처럼 하나님이 없다고 소리치는 어둠의 세상에 한 줄기 빛을 비춰주고 있습니다. 혹 일상의 삶에서 하나님을 잃어버린 사람들에게, 하나님께서 멀리 계신 것처럼 느껴지는 사람들에게, 진정 하나님이 어디 계시느냐고 물어보고 싶은 사람들에게 이 책은 좋은 동반자가 될 것이라고 믿습니다.

이은일 한국창조과학회 회장, 고려의대 예방의학 교수

귀한 책의 추천사를 쓰게 됨을 감사하며, 기쁘게 생각합니다. 많은 책의 추천사를 써 보았지만 이 책은 경이로움 그 자체입니다. 모두 여섯 장으로 하나님의 창조 역사에 대한 증언과 반증 등을 과학정신에 입각해 분석하고 있는데, 그 바탕에는 흔들림 없는 위정복 원장님의 탄탄한 신앙이 흐르고 있다는 점이 신뢰를 더해 줍니다.

분명 저자는 창조과학에 관한 한 아마추어입니다. 그의 평생 전공이 의사이며 그것도 마취통증전문의이기 때문입니다. 그럼에도 불구하고 창조과학과 관련된 지질학 분야나 화석학 등에 대한 해박한 지식은 전문가들도 놀라워할 정도임을 알 수 있습니다. 뿐만 아니라 현재 우리 주변에 있는 하나님의 창조물들에 대한 관찰 또한 평범한 한 의사의 시각이라고 보기에는 매우 전문적이고 날카롭습니다. 그것은 곧 하나님을 경외하여 선물로 받은 지혜 덕분임을 독자로서 느낍니다. 또한 각 장 사이에 신앙에세이를 끼워 넣음으로써 저자의 생생한 삶과 신앙관도 보여주고 있습니다.

이 책을 많은 분들에게 권해야 할 이유가 있습니다. 전문화되어 가는 사회에서 진정한 신앙인이라면 꼭 알아야 하는 사실들이 너무나 많기 때문입니다. 하나님을 잘 아시는 분이라면 더욱더, 모르시는 분들도 꼭 한번 읽어 보실 것을 강력히 추천 드립니다.

이왕재 서울의대 해부학교실 교수, 월간 건강과 생명 발행인

이 책에는 창조과학에 관한 기초부터 최신 상식까지 다양한 지식이 포함되어 자료적 가치나 읽을거리로 매우 좋다고 생각합니다. 저자가 직접 발로 뛰며 화석을 수집하고 삶에서 창조의 증거를 밝혀내려 한 점도 인상적이었습니다. 무엇보다도 바르게 번역된 킹제임스 흠정역 성경으로 논리를 전개함으로써 정확한 성경은 과학에 비추어 보아도 오류가 없음을 드러낸 점이 매우 반갑습니다. 창조과학에 있어서도 성경 문제가 가장 근본임을 다시

확인할 수 있었습니다.

바이블 빌리버(Bible believer) 위정복 원장님의 귀한 책 출간을 축하드리며, 이 책이 바른 나침반처럼 성경의 완전성과 창조주 하나님의 진리를 드러내는 도구가 되기를 바랍니다.

정동수 사랑침례교회 담임목사, 인하대학교 기계공학과 교수

피리를 불어도 춤추지 않고 애곡하여도 가슴 치지 않는 세상! 어떤 증거를 제시해도 도무지 믿으려 들지 않는 세상! 오직 자기 지혜와 슬기로움에 도취한 이 땅은 이제 꺼져가는 등불 같구나!

일부 종교 지도자들조차 종교다원주의에 앞장서서 각각 소견에 옳은 대로 행하지만 오히려 참신한 평신도들이 하나님께서 주신 달란트를 통해 단 한 생명이라도 구원하려는 노력이 더 존경스럽습니다. 여기 믿음의 형제 위정복 원장님의 「창조세계와 과학의 올바른 나침반」은 기도하는 마취과 의사의 진솔한 이야기들과 과학자들조차 근접하지 못하는 창조주의 비밀들을 너무나 쉽게, 그리고 자세하게 들여다볼 수 있어서 좋은 책입니다. 다양하고도 광범위한 창조과학 연구물과 사진을 곁들여 무신론자들에게는 전도용으로, 신앙인들에게는 하나님을 찬양하게 하고 성경 말씀을 더욱 깊이 이해하게 하는 좋은 도구로 과학의 의문들을 말끔히 해소해주는 책 중의 책입니다.

김승학 떨기나무 1·2 저자, 전 사우디 메카 주지사 한방 주치의

진화론을 과학적 진리로 믿는 사람들은 창조의 증거가 어디 있느냐고 반문하면서 하나님의 존재를 부정하려고 합니다. 그러나 하나님은 피조물을 통해 자신의 존재와 능력을 나타내고 계십니다. 창조의 증거가 우리 주변에 무수히 많지만, 단지 그것을 발견할 수 있는 안목이 부족한 것뿐입니다.

저자인 위정복 원장님은 의사 특유의 예리한 관찰을 통해 우리가 자연에서 흔히 경험하면서도 지나치기 쉬운 창조를 비롯한 성경적 진리의 증거들을 명료하게 보여주고 있습니다. 크리스천의 신앙성숙은 물론 불신자 전도용으로도 매우 효과적인 책이라고 판단하여 적극 추천합니다.

박창성 세계창조선교회 회장, 명지대·아세아연합신학대 겸임교수(목사)

교회에 다니면서도 자신들의 믿음에 대한 뚜렷한 정의를 가지지 못해 방황하는 경우를 봅니다. 이 책을 통해 독자들은 기록된 성경 말씀만이 진리요 믿음의 대상임을 확신하게 될 것으로 생각합니다.

필자는 자신이 창조론자임을 말하기 전에 성경에 기록된 하나님의 창조 역사가 고대인들의 신화적인 신앙고백이 아니라 과학적 진리로 증명되는 역사적인 사건임을 귀납적인 방법으로 증언합니다. 그리고 고고학적, 지질학적, 생물학적 검증을 토대로 진화론이 얼마나 허구이고 비과학적인 것인지 명쾌하게 제시하고 있습니다.

의사로서 수술을 앞둔 환자의 전인적 치유를 위해 간절히 기도하며 모든 치료가 창조주 하나님으로부터 온다는 것을 전하는 복음의 청지기와 같은 모습이 감동으로 다가오는 책입니다.

박관 독일내과 원장, 전인치유교회 담임목사

위 정복 원장님은 창조의 진리를 전하는 도구인 화석을 구입하기 위해 전주에서 이곳 영월까지 먼 길을 마다하지 않고 수차례나 방문하셨습니다. 이런 열정이 있었기에 바른 진리를 선포하는 귀한 책이 나오지 않았나 생각하며, 진심으로 축하합니다.

이 책은 창조론과 진화론 사이에서 많은 혼란을 겪는 어른들은 물론 학교에서 진화론만 배우는 많은 학생들에게 크나큰 지표가 되도록 지적 설계자의 존재를 선포합니다. 주님의 놀라우신 능력을 알리고, 세상 모든 것이 하나님의 말씀으로 창조되었다는 진리를 전하는 도구로 쓰이기에 부족함이 없음을 확신하여 이 도서를 적극 추천합니다.

장기근 영월화석박물관 관장

위 정복 원장님께서 틈틈이 기고하신 글들이 한 권의 책으로 나오게 되어 참으로 감사한 일입니다. 25년간 환자들의 고통을 덜어주는 마취통증전문의사의 마음으로 창조주를 외면하고 살아가는 이 시대의 고통 받는 영혼들이 창조신앙으로 돌아오기를 원하는 간절함이 느껴지는 글들입니다.

단순한 지식의 전달뿐이 아닌, 삶에서 직접 관찰하고 경험한 묵상에 깨달음을 더한 증거들을 마치 사랑방에서 두런두런 이야기로 들려주듯 쉽고 재미있으며 친근합니다. 과학 분야에 관심이나 전문지식이 없는 독자라도 편하게 읽어 나가다보면 어느새 창조주 하나님의 은혜와 능력을 찬송하게 될 것입니다.

김광 한국창조과학회 이사, 한양대학교 초빙교수

전 북기독신문에 연재해 온 위정복 원장님의 '창조과학 이야기'가 독자들의 뜨거운 호응을 받은 바 있습니다. 본지 온라인 클릭 회수도 최다를 기록하며 지역 기독교인들에게 큰 관심을 모았는데, 80여 회 동안 기고한 글 중 일부가 책으로 출간돼 전국의 성도들에게 읽힐 것을 생각하니 참으로 보람되고 기쁩니다.

이 책의 글들은 세상 만물이 하나님으로부터 비롯됐다는 확고한 신앙관과 창조과학에 대한 치열한 탐구 정신으로, 생활 속 사물들의 연구를 통해 명쾌하게 설명합니다. 그래서 기독교인들은 물론 일반인들이 기독교의 진리를 이해하는 데에도 크게 도움을 줄 것입니다.

특히 크리스천 의사로 수술실에서 먼저 환자를 위해 기도하고, 성경 말씀을 일점일획도 가볍게 여기지 않고 믿으며 실천하는 모습에 도전을 받아 온 사람으로서 이 책을 통해 하나님 나라가 확장되는 귀한 역사가 있을 것으로 확신합니다.

장해영 전북기독신문 대표, 서문교회 안수집사

1

화석과 창조의 원리

그분께서 그들에게 응답하여 이르시되,
내가 너희에게 이르노니,
만일 이 사람들이 잠잠하면
돌들이 즉시 소리를 지르리라, 하시니라.

(눅 19:40)

창조와 심판을 증명하는
돌들의 외침

　노아의 대홍수에 관한 증거를 찾아 이곳저곳을 누비던 차에, 2013년 6월 중순쯤 미국 화석지를 탐방할 좋은 기회가 생겼다. 풍경사진을 전문으로 찍는 사진작가들과 동행해 평소에 늘 가보고 싶던 미 서부 출사에 나선 것이다. 우리 부부를 포함한 8명의 팀원은 차량 두 대를 렌트해 열흘간 교대 운전으로 무려 3,000km를 주파했다. 끝없는 초록 밀밭이 이어지는 팔로스 지역을 먼저 돌아보고, 그랜드캐니언과 브라이스캐니언, 앤텔로프캐니언 등 웅장하고 아름다운 협곡을 지나 서부영화 촬영지로도 유명한 인디언의 성지 모뉴먼트 밸리를 끝으로 일정을 마무리했다. 값진 여행을 통해 성경 말씀이 얼마나 확실한지를 두 발과 두 눈으로 똑똑히 확인할 수 있었다.

　내가 다니는 전주온누리교회 정용비 담임목사님 설교 중에 들었던 예화가 대충 생각이 난다.

　"어젯밤 우리 대한민국 축구 선수들이 일본에게 전반전 0 대 1로 지고 있다

■ 죽기 직전까지 움직인 흔적이 생생한 물고기 화석

가 후반 막판에 짜릿한 2 대 1 역전승을 거두었습니다. 그런데 그 경기 결과를 이미 알고 있는 사람이 다음날 재방송을 본다면 전반에 지고 있다고 해서 조마조마할 사람이 있을까요? 이미 이긴 게임이니 얼마나 즐겁고 편안한 마음으로 보겠습니까…"

그렇다! 우리는 화석을 포함해 지구상에 일어난 지질학적 현상에 대해, 이미 성경을 통해 답을 알고 있으니 오죽 쉽고 또 흥미로운지 모르겠다. 아무리 뛰어난 학자라도 성경을 모르고 믿음이 없으면 여러 학설들 사이에서 겉돌 수밖에 없기 때문에 자기 이름 석 자를 쓸 줄 몰라도 믿음을 지닌 자가 더 지혜로울 수 있다. 진화론 진영에서는 진화의 증거로, 창조론 진영에서는 대격변, 즉 노아 홍수의 증거로 삼고 있는 것이 화석(化石, fossils)이지만 두 진영의 학설을 다 지지할 수 없기 때문에 분명 어느 한 쪽은 틀렸거나 거짓말을 하고 있는 것이다.

생물이 화석으로 변하기 위해서는 반드시 다음의 두 가지 조건이 충족되어야 한다. 우선 생물이 소실되거나 부패하기 전이어야 한다는 것, 그리고 빠른 속도의 저탁류*와 같은 진흙이 피할 수 없을 정도로 갑작스럽게 덮쳐야 한다는 것이다. 그렇지 않으면 천적에게 잡아먹히거나 세균에 부패되어 소멸되므로 제대로 된 화석이 만들어질 수 없다.

만일 진화론자들의 주장대로 대격변이 아닌 조건에서도 화석이 만들어진다면, 지금도 강이나 호수 바닥에 그동안 죽은 수많은 물고기가 화석으로 남아 있어야 하지만 전혀 발견할 수 없는 것은 바로 이런 이유 때문이다.

위의 두 조건을 입증하는 화석 중에는 큰 물고기가 작은 물고기를 반쯤 삼키는 순간을 보여주는 것이나 초식공룡 트리케라톱스와 육식공룡 벨로시랩터가 서로 싸우다가 그대로 진흙 속에 묻힌 것 등이 있다. 이런 화석들은 위험을 피할 겨를도 없을 정도의 갑작스런 격변을 어느 것보다도 명확하게 보여주고 있다. 따라서 화석은 시간(time)이 아니라 사건(event)을 드러내는 증거물이다.

내 서재에 있는 이 물고기 화석도 현존하는 물고기와 생김새가 똑같으며 전혀 진화된 흔적이 없다. 자세히 보면 부패되지도 않았고 몸은 뒤틀려 있는데 특히 오른쪽 물고기가 더 심하다. 이는 죽은 상태가 아니라 격변적인 상황에서 살아 움직일 때 갑자기 화석이 된 증거로 볼 수 있다.

진화론자들이 말하는 수억 년 동안, 화석의 주인공들은 왜 하나같이 조금도 진화하지 않았을까? 다윈은 화석이 많이 발견되면 자신의 이론을 지지해줄 것으로 믿고 큰소리를 쳤지만 지금까지 발견된 약 2억 점 이상의 화석 중단 한 개에도 진화의 증거는 없었다. 오히려 종류대로 창조된 창세기의 기록

---

* 低濁流, turbidity current, 화산 폭발 등으로 생긴 퇴적물이 경사면을 따라 생기는 흐름, 시속 100km까지 속도를 낼 수 있다. F. A. 포렐이 처음 제안

을 뒷받침해주고 있을 뿐이다.

이 세상에 존재하는 거의 모든 화석은 위에서 말한 화석 형성 조건과 맞아떨어지며, 이 조건을 가장 잘 만족시키는 사건은 역사상 노아 대홍수라는 대격변뿐이다.[**] 이 화석들은 성경에 기록된 그 역사적 사실을 묵묵히, 그러나 강력하게 증명해주는 소중한 보물이다. 이런 증거물을 보고도 믿지 않는 자들에게 화석들은 오늘도 외치고 있다.

그분께서 그들에게 응답하여 이르시되, 내가 너희에게 이르노니, 만일 이 사람들이 잠잠하면 돌들이 즉시 소리를 지르리라, 하시니라. (눅 19:40)

예수님께 찬양하는 사람들을 꾸짖는 바리새인들에게 우리 주님이 하신 말씀이다. 온 세상의 화석들은 돌이며 집에 있는 것들도 마찬가지다. 그러나 그것들을 들여다보고 있으면, 마치 오랜 친구처럼 나에게 소곤소곤 귓속말을 들려주는 것 같다.

'진화'는 없었다고. 성경 기록대로 '말씀에 의한 창조와 큰 물난리'가 있었으며, 그것을 믿지 않는 자들을 향한 '또 다른 심판'이 다가오고 있다고…. ❖

[**] 비록 규모는 작지만 대홍수 이후에도 화석이 만들어질 수 있는 환경이 두 번 더 있었다. 먼저 대홍수가 물러나면서 남긴 거대한 자연 호수가 붕괴되어 화석이 생길 수 있었고(예: 미국 워싱턴 주의 미줄라 홍수), 또 하나는 빙하기 때 바다와 대륙간 온도차가 심한 결과 발생한 모래 폭풍(sand storm)으로도 생성될 수 있었는데 실제로 빙하기에 살았던 맘모스(mammoth)는 대부분 이런 바람에 의해 운반된 모래더미에 파묻혀 멸종된 것으로 판명되었다.

해변에 뒹구는 조개껍질은
왜 모두 낱개일까?

가끔 마음이 답답할 때면 끝없이 탁 트인 쪽빛 바다로 향한다. 일상에 지친 나를 받아줄 어머니의 넓은 가슴처럼 느껴지기 때문이다. 해안으로 밀려와 하얗게 부서지는 파도며 바람에 실려 코끝을 자극하는 짠 내음은 삶에서 받은 스트레스를 날려버리기에 충분한 청량제가 되곤 한다.

아름다운 해변을 걸으면서 발밑을 내려다보게 된다. 파도에 닳아 무늬가 없어진 조개나 소라껍질들이 듬성듬성 눈에 띄는데, 어떤 조개껍질은 너무 닳아서 기타 연주용 피크처럼 얄팍해 보이기도 한다. 그런데 살아서는 입을 앙다물고 캐스터네츠처럼 두 짝이던 조개들이 하나같이 각각 낱개로 뒹굴고 있는 것이다. 왜 붙어있지 않고 낱개로만 있으며 무늬가 거의 닳았을까? 그 이유는 두 장의 껍질을 연결하는 근육질이 부패되었기 때문이다. 따라서 최근에 죽은 것이 아니면 낱장으로 흩어질 수밖에 없는 것이다. 물론 무늬가 닳은 것은 오랫동안 지상에서 풍화작용을 겪어 생긴 현상이다.

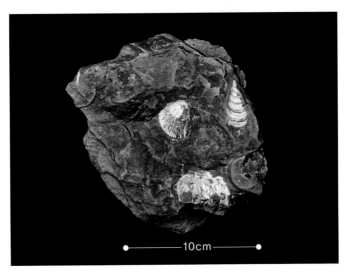

■ 아직도 줄무늬가 선명한 조개 화석

　하지만 화석으로 남아있는 모든 조개는 놀랍게도 두 장이 다 붙어 있으며 입을 다물고 있다. 게다가 전혀 닳은 흔적이 없이 선명한 무늬를 간직하고 있다! 조개들이 살아있을 때 대격변에 의해 순식간에 묻혀 화석으로 그 형체가 고스란히 남은 강력한 증거이다. 이런 대격변이 아닌 보통의 모래더미에 묻히면 살아 있는 조개들은 몇 미터 깊이에서도 기어 나올 수 있다. 그러나 대부분의 조개 화석들은 매우 깊은 퇴적층에서 발견되는 것으로 보아 살아있는 상태에서 도무지 빠져나올 수 없는 거대한 진흙에 의해 순식간에 매몰된 것이 분명하다. 두 말 할 것 없이 노아 대홍수 때의 사건일 것이다.

　언젠가 강원도 영월화석박물관에서 갖가지 화석을 구매할 기회가 있었다. 국내에서 수집한 몇 점을 소장하고 있었지만 나에게 꼭 필요한 것을 구하기로 마음먹은 것이다. 장기근 박물관장님과 통화 후 보존 상태가 좋은 규화목과 삼엽충, 조개 화석(사진 참조), 그리고 모기가 포획된 호박 등을 구입했는데, 인심 좋은 관장님은 암모나이트를 포함하여 몇 가지 화석을 덤으로 보내

주셨다. 이곳 박물관에는 관장님이 수십 년간 전 세계를 다니며 수집한 진품들로 가득한데, 초중고교 교과서에 실린 화석 사진들은 대부분 여기서 촬영한 것들이라고 한다.

앞장에 실린 조개 화석 사진을 보면 꼬막과 소라처럼 생긴 연체동물 껍질이 선명하게 보존되어 있다. 진화론자들이 수억 년 됐다고 주장하는 저것이 오늘날 우리 식탁에 오르는 꼬막(혹은 고막)과 무엇이 다른가! 더구나 껍질에서 부챗살 모양의 줄무늬가 선명하고 입을 꽉 다물고 있는 사실을 통해, 빠르고 거대한 저탁류가 살아있는 조개를 덮쳐 이처럼 화석을 만들어버린 대홍수 사건을 묵묵히 증언해주고 있지 않은가!

과거 진화론자들은 화석이 생물의 다양성을 보여주기 때문에 진화의 강력한 증거라고 주장했지만 막상 화석에서는 진화의 간이 형태, 혹은 중간 고리(missing links)를 단 한 개도 관찰할 수 없었고 그 다양성은 단지 종(種)안에서만 허용된 변이(variation)였던 것이다. 오래되었어도 지금과 형태가 같은 것을 소위 '살아있는 화석(living fossil)'이라고 부르지만, 사실상 모든 화석은 이처럼 진화가 되지 않고 현재 살아있는 생물과 형태가 같은 것들이다. 현재 존재하지 않는 화석 속의 개체들은 어떤 생물이 진화되기 전의 모습이 아닌 멸종된 것에 불과하며, 그것들도 살아남았으면 역시 같은 모습으로 관찰될 것이다.

이처럼 화석은 성경에 기록된 다양한 사실을 입증하는 소중한 '선교적 보물'이며 바다에 가면 이런 보물들이 널려 있다. 파도에 밀려온 흔한 조개 하나에도 창조주는 우주적인 영감을 담아주셨다. 종종 드넓은 바다에서 복잡한 마음을 정리하고 돌아올 수 있는 것은, 곳곳에 나를 만드신 우리 주님의 음성이 묻어 있기 때문이 아닐까 싶다. ❖

남조류는
원시지구의 산소 발생기?

화석은 몇 가지 중요한 의미를 담고 있다. 먼저 인간의 죄악을 주님이 대 홍수로 심판한 결과물이며 주님 말씀의 신실하심과 공의로우심을 다시 한 번 확인시켜 준다. 또한 진화론자들이 진화의 근거로 화석을 이용하지만, 그들에게는 매우 실망스러울 정도로 진화된 증거는 찾아볼 수 없다. 오히려 창조된 사실만 드러내는 고마운 존재이다.

그 외에도 복음을 전할 때 매우 훌륭한 도구로 활용될 수 있어서 화석을 각별히 여기고 있다.

앞서 소개한 영월화석박물관장님이 몇 가지 진귀한 화석들을 선물로 주셨는데, 그 중 하나가 스트로마톨라이트(stromatolite)이다. 호주의 상어만과 남아프리카 트랜스바알 지층, 그리고 우리나라 영월 등지에서 발견되었다.*

----

* 이곳 화석은 천연기념물 제413호이며 강원도 영월군 문곡리에 위치함

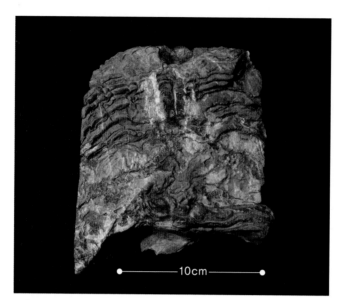

▌선물로 받은 스트로마톨라이트 화석

　그런데 진화론자들이 이런 스트로마톨라이트를 만든 미생물인 남조류, 즉 시아노박테리아(cyanobacteria)를 중요하게 여기는 이유는 다음과 같다.

　그들은 46억 년 전에 가스와 먼지구름에서 지구가 생성될 때 지구의 대기층은 대부분 수증기나 암모니아, 메테인(메탄), 이산화탄소 등으로 이루어졌다는 것, 그리고 자외선이 그 수증기를 분해하여 매우 소량의 수소와 산소가 만들어졌다고 생각한다(산소 농도가 현재의 약 1,000분의 1). 이처럼 산소가 희박하여 생물이 살기 힘든 환경이었는데, 약 35억 년 전 선캄브리아기에 미생물인 시아노박테리아가 햇빛과 물, 이산화탄소를 이용한 광합성 작용을 하여 오늘날과 같은 산소농도가 되었다는 것이다. 이 산소가 나중에 오존층을 형성함으로써 태양에서 오는 해로운 자외선 등을 차단하여 생물이 살 수 있는 환경이 조성됐다고 주장한다. 또한 계절에 따라 남조류가 광합성을 할 때 생성되는 점성 물질의 양이 달라 줄무늬가 생겼고, 그것은 1년에 약 1mm 정도씩 자랐다는 것이다.

꽤 그럴듯한 이론처럼 들리지만 이와 같은 내용은 사실이 아니다.

첫째, 남조류보다 높은 지층, 즉 더 젊은 지층에서 광합성을 하지 못하는 미생물이 발견되어 진화의 순서가 맞지 않아 자신들의 이론 안에서 모순에 빠지게 되었다. 그리고 선캄브리아기 지층은 창조주간 첫날에 만들어졌기 때문에 셋째 날 식물 창조보다 앞서므로 성경과도 맞지 않는다.

둘째, 산소에서 오존층이 만들어졌다는 주장도 설득력이 없다. 생명이 등장하기 전에 오존층이 없었다면 대량의 해로운 광선(자외선, 감마선, X선 등)이 유입되어 생물의 생존이 매우 어려웠을 것이기 때문이다. 당연히 하나님께서는 창조될 생명체를 보호하시기 위해 먼저 오존층을 만드셨을 것이다.

셋째, 최근 창조과학자들을 통해 유기물보다는 무기물에 의해 스트로마톨라이트가 형성될 수 있다는 연구결과가 나왔다. 캘리포니아 공대 과학자들은 이것이 무생물 상태에서도 만들어지므로 '광물'이라는 것이다. 진화론자들이 애써 쓴 저 복잡한 시나리오를 무용지물로 만드는 증거가 아닌가.

예전에 아내가 평소 화석 수집에 관심이 많은 나를 위해 어느 집에서 애물단지 취급을 받는 거북이 모양의 돌을 가져왔다. 처음에는 그저 특이한 돌로 가공되었다고 생각하고 방 한 구석에 그냥 방치해 두었는데, 나중에 알고 보니 스트로마톨라이트였다! 귀하신 몸을 몰라본 것이다. 물론 이제는 신분이 상승해(?) 집에서도 상석을 차지하고 있다.

어떤 과학자들은 시아노박테리아를 산소가 희박한 화성에 보내면 산소를 만들어내고, 그 산소가 또 오존층을 형성해 온도를 높이면 생물이 살 수도 있으므로 인간이 300년 안에 화성을 지구와 같은 환경으로 만들 수 있을 것이라고 주장한다. 상상은 자유라지만 이런 일고의 가치도 없는 이론으로 많은 사람들을 속이니, 그것이 과학인 줄 아는 사람들이 점점 더 진리로부터 멀어질 것은 불을 보듯 뻔한 일이다.

결국 스트로마톨라이트는 광물일 가능성이 높다. 또 한 번 진화론자들은 진화의 증거가 아닌 화석을 이용하다가 역공을 당한 셈이다. 지구 대기의 산소는 세균에 의해 만들어진 것이 아니라 창조주께서 생물체에 꼭 필요한 농도만큼 미리 조성하셔서 사람이 살 수 있도록 하신 것이다. 이것이 바로 주님께서 온 삼라만상을 인간이 누릴 수 있도록 빈틈없이 세밀하게 조정하신 '인간 중심 원리'**의 참된 의미라고 할 수 있겠다.

하늘들을 창조한 주가 이같이 말하노라. 하나님은 친히 땅을 조성하고 만들며 견고하게 하였으되 땅을 헛되이 창조하지 아니하고 사람이 거주하도록 조성하였느니라. 나는 주니라. 나 외에 다른 이가 없느니라. (사 45:18) ❖

** 또는 인류 지향 원리(anthropic principle). 1974년 천문학자 브랜든 카터(B. Carter)가 처음 사용

삼엽충, 완벽하게 설계된
'진화의 초기 조상'?

과거에는 화석을 '박물관에만 진열된 희귀한 돌' 정도로밖에 인식하지 못했다. 하지만 불과 3년 전에 시작한 화석 수집은 어느새 나의 고상한 취미생활이 되었다. 퇴근하고 심신이 지쳐 있을 때면 집안 여러 곳에 배치해 놓은 나의 애장품인 그들과 무언의 대화를 나누곤 한다. 지인들에게도 가끔 화석을 선물하면 다른 어떤 것보다 감동이 크다는 것을 알게 되었다. 창조 섭리의 감동이 나만의 것은 아니기 때문이리라.

진화론자들에 의하면 절지동물 중에서 가장 먼저 지구상에 출현했다는 삼엽충(三葉蟲, trilobite)은 고생대 캄브리아기(약 5억 3천만 년 전)에 나타나 페름기 말(약 2억 5천만 년 전)에 멸종되었다고 한다. 지금까지 알려진 것은 약 1만여 종이나 된다. 매미처럼 탈피(허물벗기)를 통해 성장하는데, 알에서 막 깨어난 하트 모양의 삼엽충은 그 길이가 불과 0.5mm 정도지만 성충은 80cm까지 아주 다양하다(보통은 5~8cm). 세로로 보면 세 장의 잎처럼 되어 있어서 '삼엽충'

33

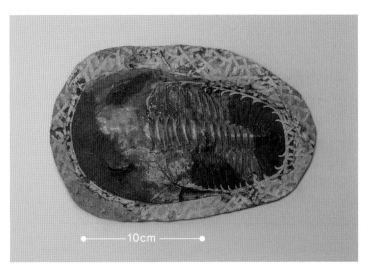

▮ 고유의 형태를 그대로 간직한 삼엽충 화석

이라는 이름이 여기서 유래했다. 가로로 보면 머리·몸통·꼬리로 구성되고, 몸통은 2~40개 마디로 되어 있다.

내가 소장한 삼엽충 화석도 1cm에서 20cm까지 그 크기가 다양한데 어떤 화석은 몸을 아코디언처럼 움츠린 것도 있다. 아마 위험한 순간에 쥐며느리처럼 몸을 둥글게 말았기 때문일 것이다. 사진 속 삼엽충은 그 중에서 가장 큰 것으로 크기는 대략 19×12cm 정도이다.

삼엽충 화석은 전 세계적으로 가장 많이 존재하며, 우리나라에서 발견된 것도 300종이 넘는데 국내는 강원도 영월과 태백 석회암 층에서 주로 발견된다. 어떤 지질학자들은 이런 삼엽충이 손상되지 않도록 묽은 염산을 사용하여 석회암을 녹인 다음 발굴하기도 한다. 참고로 영월에서는 1cm 미만의 작은 삼엽충 화석들이 많이 나온다고 한다.

삼엽충은 하나님이 창조주간 제5일에 만드신 해양생물이었으며 노아 홍수가 일어나기까지 약 1,500년 이상 바다에서 다산하고 번성했을 것이다. 그런

| 창조세계와 과학의 올바른 나침반 |

데 빠르게 밀려오는 저탁류에 묻혀 가장 먼저 매몰되었을 이들은 오늘날 화석으로 우리와 만나기까지 수천 년을 기다린 것이다.

그러나 진화론자들은 이런 퇴적층, 즉 고생대 캄브리아기층에서 이 화석이 가장 많이 발견되자 이 삼엽충을 표준 화석(index fossils)으로 설정하여 비교 분석의 기준으로 삼고 있다. 그들은 이런 고생대 화석이 중생대 쥐라기 화석보다 약 5억 년 먼저 생겼다고 주장하지만, 대격변을 인정하는 홍수지질학자들은 이들의 시간적 차이를 불과 5개월 정도로 보고 있다. 더 쉽게 비교하자면 한 살 된 어린 송아지 나이를 12억 년이나 되었다고 주장하는 것과 같다. 이 얼마나 커다란 시각의 차이인가!

1968년 미국 유타 주 근처 앤텔로프스프링 지역을 가족과 함께 탐사하던 윌리엄 마이스터는 놀랍게도 어떤 삼엽충이 샌들 발자국과 함께 화석이 된 것을 발견하였다.* 이것 하나만으로도 인간과 삼엽충이 같은 시대에 살았다는 확실한 증거인 셈이다.

이제 진화론자들의 입을 다물게 하는 삼엽충의 눈 구조를 살펴보자. 먼저 유기물인 다른 동물의 눈과는 달리 석회암 성분인 방해석이라는 무기물로 되어있어 변치 않고 화석으로 고스란히 보존되어 있다. 그리고 눈은 보통 한 개에서 수십 개, 많게는 수천 개의 낱눈이 모여 겹눈을 형성하는데, 다시 낱눈은 각각 이중 혹은 복합렌즈**로 이루어져 있다. 물속에서 상이 뒤틀리지 않고 가까이 있는 먹이나 먼 곳에 있는 천적도 잘 볼 수 있는 것은 이런 독특한 구조 때문이다.

---

* 1968년 6월 1일 아마추어 화석 수집가인 마이스터(W. J. Meister)가 발견한 발자국은 길이 26cm, 폭 9cm 정도인데 진화론 연대로 약 6억 년에 해당하는 캄브리아 지층(이판 암층)이었다. 진화론자들에 의하면 3억 년 전에는 어떤 포유류도 아직 생겨나지 않은 시기이므로 이 화석은 진화론의 허구를 유감없이 드러내고 있다.

** 複合 lens. 두 개 혹은 그 이상의 렌즈를 접합시켜 만든 렌즈이다. 상의 뒤틀림(왜곡)이나 빛의 줄무늬를 감소시키는 역할을 함

본래 볼록렌즈에서는 필연적으로 색수차(광선이 퍼지는 현상)가 생길 수밖에 없다. 이렇게 상이 흐려지는 현상을 없애기 위해 현대 물리학자들은 오랜 연구 끝에 아베(Abbe) 법칙, 사인(Sine) 법칙, 페르마(Ferma) 법칙 등의 원리를 이용해 복합렌즈를 겨우 만들어냈다. 이토록 과학자들이 애써 만든 정교한 설계의 흔적이 어떻게 화석이 처음 등장하는 고생대 캄브리아기층의 삼엽충에게서 발견될 수 있다는 말인가!

찰스 다윈은 그의 저서 「종의 기원(1859)」에서 눈의 정교한 구조에 관해 이렇게 고백했다.

"흉내 낼 수 없는 온갖 장치들을 모두 가진 눈…. 눈이 자연선택에 의해 형성되었다고 가정하는 것은 솔직히 고백하건대 무리가 있는 것 같다."

이는 다른 말로 '이것이 진화론의 한계'라는 솔직한 고백이며 다른 모든 진화론자와 무신론자의 고민이 아니겠는가!

얼마 전 도서관에서 영국 런던 자연사박물관의 수석 고생물학자 리처드 포티가 쓴 「삼엽충」이라는 책을 보았다. 저자가 14세 때 삼엽충의 매력에 빠진 이후 30년 동안 연구, 기록한 보고서인데, 그는 "살아 있는 삼엽충이 발견된다면 나는 전쟁에서 죽었다고 여겼던 소중한 사촌이 살아 있는 모습을 보았을 때만큼이나 기뻐하면서 환영할 것이다."라고 말할 정도로 열렬한 삼엽충 애호가이자 전문가였다. 그러나 모든 삼엽충을 화석으로 만든 대격변의 진실을 알지 못한 그의 저서는 나무를 보되 숲은 보지 못한 관찰 보고서 형식으로만 되어 있어 못내 아쉬웠다.

과학은 진화론자들이 지층의 순서를 매기는 식으로 정답을 결정해놓고 그에 맞는 상상을 개발하는 것이 아니라, 자기 생각과 달라도 있는 그대로 관찰하고 연구해 자기 생각을 그 결과에 맞추는 것이다. 우리가 창조과학을 연구할 때도 이런 원칙은 마찬가지이다. 창조과학은 성경에 끼워 맞춘 것이 아니라 성경은 항상 옳다는 것을 만물이 입증한 결과물이다.

자, 이런 기준으로 볼 때 삼엽충 화석은 무엇을 말하고 있는가. 학자의 양심을 뛰어넘어 실제 데이터까지 무시하는 과학은 학문이 아니라 하나의 신앙에 불과한 것이다. ❖

규화목,
단기 속성 화석화의 비밀

TV 드라마의 장식용 소품으로 자주 등장하는 규화목(硅化木, silicified wood 혹은 석화목)은 난초와 마찬가지로 개업이나 승진 선물로도 인기가 높은 것 같다. 오래전부터 외국에서는 성인식 등 새롭게 출발하는 사람에게 꿈과 용기를 주는 보석으로, 아랍권에서는 해로운 것으로부터 자녀를 보호하는 나무 요정으로 알려져 선물로 주고받는다. 요즈음에는 인체에 좋은 원적외선과 음이온이 다량 방출되어 실내 공기 정화와 전자파 중화, 살균 효과까지 있다고 해서 더욱 주목을 받고 있다.

규화목은 나무가 부패되기 전 신속하게 퇴적물로 덮인 다음 나무의 유기 성분이 광물질, 특히 규산(SiO_2)으로 치환되어 만들어진다. 그래서 돌처럼 무겁고 단단하며 보석처럼 광택이 난다.

그런데 내게 있는 것 중에 지름이 10cm, 높이가 13cm 정도인 규화목은 다른 것들과 달리 나이테의 흔적이 전혀 보이지 않는다. 왜 나이테가 없을까?

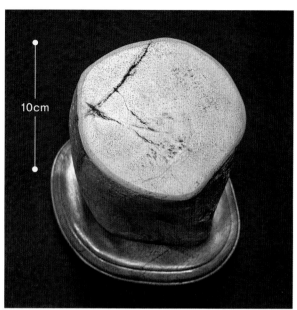

▌나이테가 없는 규화목의 단면

그 이유를 알기 위해서는 성경에 기록된 노아의 대홍수 이전 지구 환경에 대해 알 필요가 있다.

잘 알려져 있듯이 대홍수 이전에는 남극과 북극을 포함한 전 지구가 따뜻한 아열대 기후였다. 주님께서 창조의 둘쨋날에 만드신 궁창 위의 물(창 1:6~7)이 지구 생명체에 해로운 단파 광선은 차단하고 이로운 장파 광선은 투과시켜 지구 전체가 골고루 따뜻해지는 온실효과(greenhouse effect) 때문이다.

이런 환경에서는 식물이 잘 자랄 뿐만 아니라 육지와 바다의 비율도 7 대 3으로 지금과는 달라 울창한 숲이 현재의 10배 이상 많았을 것으로 보고 있다. 창세기의 기록대로 사람의 평균 수명도 900년이 넘었고, 거대한 공룡들이 생존하는 데도 무리가 없는 최적의 조건이었을 것이다. 이처럼 나무들은 계절 변화가 뚜렷하지 않은 환경 속에서 훨씬 빨리 크게 자랐기 때문에 매년 생기는 나이테가 없는 것으로 여겨진다.[*]

전 세계에서 발견된 나무 화석의 특징을 보면 모두 뿌리와 가지가 없고 줄기도 여러 토막으로 잘린 채 발견된다. 더구나 한 나무가 여러 지층에 걸쳐 자리한 소위 '다지층 나무(polystrate tree)'도 있다. 진화론자들은 이런 현상을 이해하거나 설명할 수가 없지만, 성경을 믿는 창조과학자들은 매우 설득력 있게 다음과 같은 설명을 할 수 있다.

나무 화석들은 숲이 매몰된 다음 그곳에서 형성된 것이 아니다. 대홍수의 거대한 물의 힘에 의해 이동하면서 가지와 껍질이 소실된 상태로 있다가 물 흐름이 없는 곳에서 빠른 시간 안에 여러 층의 퇴적물에 묻혀 오늘날 발견되었을 것이다. 미국 옐로우스톤 공원에 있는 수많은 규화목들이 이런 사실을 뒷받침하고 있다.

이런 나무 화석이 만들어지는 데는 진화론자들의 주장처럼 그리 오랜 시간이 걸리지 않는다는 사실도 밝혀졌다. 그들은 중생대(2억 2,500만 년~6,500만 년)에 대부분 형성되었다고 주장하지만 최근에는 적당한 조건을 주면 일주일 안에도 만들어 질 수 있다는 것이다.

한 연구소에서는 나무를 화석화시키기 위해 수백만 년을 기다릴 필요가 없다며 다음과 같은 방법을 제시하고 있다.

목재소에서 소나무나 포플러 나무 조각을 조금 구해 오라. 그것을 이틀 동안 산이 담긴 욕조(acid bath)에 담가두라. 그리고 이틀 더 규소용액에 담가두라. 그런 다음 공기

---

[*] 규화목은 나이테가 잘 보존된 것과 없는 것이 함께 발견된다. 나무 나이테는 낮의 길이와 화재, 해충, 영양분, 고도, 수량 등의 영향을 받는데, 최근 과학자들은 연구를 통해 폭풍우와 건조한 날씨가 교대로 반복되면 1년에 몇 개씩이라도 나이테가 만들어진다는 사실을 밝혀냈다.

중에서 말리고 아르곤이 채워진 화로에서 1,400°C로 2시간 처리한 후, 아르곤 내에서 실온으로 냉각시켜라. 얍! 즉석 석화목(petrified wood)이 만들어졌다.

　미국 워싱턴 주는 화산재가 풍부해 규화목 생성에 적합한 곳이라고 한다. 이곳에서는 실리카가 녹아있는 뜨거운 물이 화산재를 관통하게 되는데, 여기 묻힌 나무는 모양이 거의 변하지 않고 아름다운 규화목으로 재탄생한다. 심지어 19세기 중반에 울타리로 설치한 나무 말뚝을 최근에 살펴보니 물에 잠긴 부분은 규화목으로 변해 남아 있고 윗부분은 부패되어 없어진 사실도 알게 되었다. 일본에서 시행된 실험에서도 마찬가지였는데, 실리카가 풍부한 뜨거운 물에 몇 년간 나무를 담가 두었더니 약 40%가 자연적으로 석화가 되었다고 한다.

　이처럼 규화목은 화산재와 같이 규산성분이 녹아있는 물에 나무가 잠겨 있을 경우에도 만들어질 수 있다. 적절한 온도와 규산이온 농도가 맞아떨어질 때 더욱 잘 만들어지는 것이니 이 또한 노아의 홍수 직후가 아니겠는가.

　규화목에 관한 여러 가지 사실들을 알아보면 볼수록 격변의 증거가 드러나 진화론자들을 무척 당황스럽게 만들고 있다. 결국 나무 화석은 '심증은 있으나 물증이 없는' 진화를 증명하는 것이 아니라 성경의 기록을 입증하는 자연의 증거물인 셈이다. ❖

물이 만든 화석,[*]
연흔漣痕과 우흔雨痕

과거 우리나라가 경제적으로 힘들던 시절, 영양 결핍과 열악한 생활환경 때문에 면역력이 저하되어 결핵과 같은 질병이 창궐했다. 결핵(tuberculosis)은 약을 오래 복용해 완치 판정을 받았어도 평생 그 흉터가 남아 있기 때문에 각종 수술을 앞둔 환자들의 흉부 X선 사진을 체크해보면 이 질환을 앓았던 흔적을 쉽게 발견할 수 있다.

피부에 생긴 상처도 마찬가지인데 나도 초등학생 때 소 꼴을 베다가 예리한 낫에 왼쪽 세 손가락을 크게 다친 적이 있다. 출혈을 막기 위해 응급처치로 동네 어른들이 쑥을 짓이겨 상처에 발라주었는데, 통증이 어찌나 심했던지 지금도 손가락의 흉터를 보면 그때 상황이 떠올라 몸서리가 쳐질 정도이다.

---

[*] 보통 연흔과 우흔을 화석으로 분류하지만 사실 동물과 식물의 유해나 흔적이 아니므로 퇴적 구조물로 보는 것이 더 타당함

42
| 창조세계와 과학의 올바른 나침반 |

■ 나의 서재에 있는 연흔(왼쪽)과 우흔 화석

외상 후 스트레스는 몸과 마음에 모두 남기 마련이다. BC 2348년경 지구 역사상 가장 큰 격변인 노아의 대홍수가 일어났으며, 이 사건은 구약성경 창세기 6~8장에 자세하게 기록되어 있다. 그 결과, 마치 환자의 몸에 남은 흉터처럼 홍수의 흔적들이 현재 지구 전체에 무수하게 남아 있다. 지표면적의 약 70% 이상이 퇴적층으로 덮여 있는 것, 육지 한가운데에 티티카카호[**]와 같은 수많은 소금 호수(염호)들, 대규모 습곡과 화석 무덤들, 표이석의 존재 등이 그것이다. 이와 함께 대홍수의 또 다른 흔적으로 연흔(ripple mark, 물결 자국)과 우흔(rain pits, 빗방울 자국)을 소개하고자 한다.

연흔은 퇴적물의 표면이 주로 물에 의해 만들어진 자국으로 물 흐름의 방향과 지층 순서의 역전 여부를 판단하는 소중한 화석이다. 물론 이런 화석은 대격변이 있을 때 생성되었다. 지금은 전혀 만들어 질 수 없는데, 앞에서 설명

[**] 남미 페루와 볼리비아 국경의 소금 호수. 해발 3,810m로 호수 중 가장 높은 곳에 위치함

한 것과 같은 이유 때문이다.

국내외 여행 중 몇몇 지역에서 이 화석을 발견했는데, 우리나라 남해안과 미국 그랜드캐니언, 중국 윈난성(운남성) 차마고도 등지에서 육안으로 확인했다. 약 6년 전에 여수 해안에서 한 시간쯤 배를 타고 사도(砂島)에 발을 디뎠다. 그리고 다시 사도 이장님의 보트를 빌려 10분 거리

▎중국 차마고도 여행 중에 발견한 연흔 화석

의 추도라는 공룡 화석지 섬에 도착했다. 사도에서 추도까지 이어지는 바닷길은 이른바 모세의 기적이 연출된다는 곳이다. 그곳에 가보니 해변에 여러 층의 연흔 화석층이 잘 보존되어 있었다.

미국과 중국의 경우는 모두 높은 산에서 발견했는데 특히 중국 차마고도는 해발 약 3,500m에 달하는 곳이다(사진 참조). 어떻게 이런 높은 곳에 물결 화석이 남아 있을까? 심지어 이와 같은 고지대에서 조개 화석도 발견되는데, 과거 지구 전체가 고스란히 물에 잠겼던 창세기 대홍수를 빼놓고는 상식적

으로 설명할 수 없는 것들이다.

그밖에도 내가 늘 등산하던 황방산에서도 연흔 화석을 발견했는데, 안타깝게도 돌계단으로 사용하고 있는 것이 아닌가! 산을 오를 때마다 귀한 화석을 밟아야 하니 마음이 아프지만, 한편으로는 한 걸음 한 걸음 대홍수 사건을 떠올리며 재림 신앙을 점검하는 기회가 되기도 한다. 보통 사람들에게는 그저 볼품없는 돌덩어리에 불과할지 몰라도 그 의미를 아는 사람에게는 매우 소중한 가치를 지닌 것이다.

우흔은 빗방울에 의해 생긴 것으로 단단한 바위에 둥글고 오목하게 패인 흉터인데, 누가 설명해 주지 않으면 그냥 지나칠 수밖에 없을 것이다. 우리나라 고성 덕명리 해안과 계승사 대웅전 근처, 남해 가인리 그리고 미국 서부에서도 이것을 확인하였다. 진화론자들은 가물었을 때 호수 바닥에 떨어진 빗방울 자국이 이렇게 화석이 되었다고 주장하지만 과연 그럴까? 그들의 주장대로라면 오늘날에도 수많은 우흔 화석이 만들어져야 할 텐데 왜 그렇지 않을까?

진흙 위에 세찬 빗방울이 내린 직후 순식간에 저탁류가 덮쳐 화석화되어야 그 자국이 지워지지 않고 보존될 것이다. 이 역시 노아의 대홍수 당시 40일 밤낮으로 내린 빗방울의 흔적으로 보는 것이 타당하다(창 7:12).

진화론자들은 이런 화석들을 통해 과거에 오랫동안 침식과 퇴적을 반복하는 얕은 호수가 있었다고 추측할 뿐 다른 어떤 사실도 알기 어렵다. 하지만 화석화되는 과정을 돌아본다면, 대격변 없이 결코 만들어질 수 없는 것이 연흔과 우흔이다. 가까운 곳에 진실을 두고 눈을 감은 채 애써 다른 길로 가는 진화론자들에게 이처럼 화석은 풀기 어려운 미스터리로 남아 있는 것이다.

❖

암모나이트의 사촌
앵무조개 이야기

　성경 연대로 약 6천 년 전 아름답게 창조된 암모나이트(ammonite)는 주님의 능력과 영광을 드러내며 번성하였을 것이다. 그러나 애석하게도 현재 지구상에 살아 있는 개체는 전혀 없고 모두 화석으로만 남아 있다. 다만 현재 살아 있는 앵무조개가 암모나이트와 매우 흡사하기 때문에 이를 연구해 암모나이트의 특징과 멸종 원인 등을 추정해 볼 수는 있을 것이다.

　1869년 프랑스 작가 쥘 베른이 쓴 공상과학 소설 「해저 2만리」에 앵무조개(chambered nautilus)의 영문 이름을 딴 잠수함 '노틸러스(Nautilus)호'가 등장한다. 1866년 바다괴물이 나타나 이를 격퇴시키기 위해 아로낙스 박사가 링컨 호를 탔지만 오히려 괴물의 공격을 받아 바다에 빠진다. 나중에 이 괴물이 잠수함이라는 것을 알게 된 박사 일행은 구출되어 네모 선장과 함께 해저 여행을 시작한다는 내용이다. 참고로 노틸러스는 그리스어로 '선원' 혹은 '뱃사람'이란 뜻이다.

미국에서 1954년에 만든 세계 최초의 핵잠수함도 '노틸러스'이다. 제2차 세계대전에 참전한 다른 잠수함들이 약 12~48시간 잠수가 가능한 반면, 2주 이상 잠수할 수 있는 막강한 능력을 지녔었다. 1980년에 퇴역한 이 핵잠수함은 현재 코네티컷 주 뉴런던에 있는 노틸러스 박물관에 전시되어 내부까지 볼 수 있다.

이런 소설과 현실 속의 잠수함들은 앵무조개의 기능과 구조를 모방하는, 이른바 생체모방공학*을 이용한 것들이다. 껍데기 모양이 앵무새 부리를 닮았다고 해서 이름 붙여진 앵무조개는 열대 산호초 해역 수심 100~600m에서 산다. 낮에는 600m되는 깊은 곳에 내려가 있다가 밤이 되면 먹이 활동을 위해 100m까지 올라와 플랑크톤이나 산호초, 새우, 작은 고기 등을 먹는다. 자라면서 몸 안에 최대 30개의 방을 만들고, 각 방 한가운데 있는 공기 튜브(siphuncle)로 부력을 조절해 상하 이동을 하며, 오징어처럼 물을 뿜어 전진하기도 한다.

입 주변에 있는 90개 정도의 촉수를 이용해 먹이를 잡는데, 같은 두족류에 속하는 오징어는 빨판을 지니고 있지만 앵무조개는 없다. 껍데기 표면에는 짙은 갈색 줄무늬가 있고, 안쪽은 진주처럼 아름다운 빛깔이 나기 때문에 단추의 원료나 장식품으로 인기를 끌고 있다. 원을 그리며 퍼져나가는 앵무조개의 형태는 피보나치수열이라는 수학적 패턴을 이용한 '황금비율' 조합으로 만들어졌기 때문에 아름답고 안정적이다. 사진 속의 앵무조개도 화석박물관에서 구입한 것으로 이것은 화석이 아닌 생체이며 내부를 자세히 보면 각 방마다 중앙에 공기 튜브(구멍)가 있음을 알 수 있다.

앵무조개는 심해에서 '광산의 카나리아'와 같은 역할을 한다. 지금은 자태가 예쁘고 소리가 아름다워 애완용으로 많이 기르지만 과거에 광부들은 갱

---

* biomimetics, 생체구조나 기능을 모방해 공학적으로 활용하는 학문

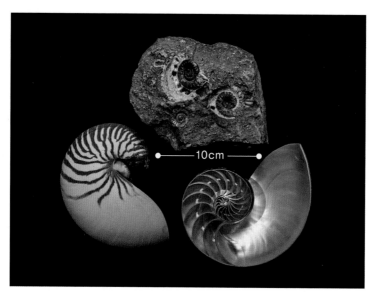

■ 흰색 석영에 둘러싸인 희귀한 암모나이트 화석(위)과 앵무조개 생체(외부와 내부)

안으로 들어갈 때 이 새를 데리고 갔다. 산소 농도에 예민한 카나리아가 죽으면 광부들은 즉시 위급한 상황임을 미리 알아차린다는 것이다. 마찬가지로 심해에서 앵무조개가 발견이 안 되면 다른 생물도 살 수 없는 열악한 환경임을 짐작할 수 있다고 한다.

앵무조개는 태어난 지 약 15년이 지나야 번식 능력이 생긴다. 그런데 필리핀이나 인도네시아 등지에서 생계를 위해 15년 미만의 앵무조개를 무차별하게 남획하여 수출하는 바람에 현재 멸종 위기에 몰려 있다.

앵무조개 사촌인 암모나이트 화석을 보면, 어떤 것은 크고 작은 수많은 암모나이트들이 모여 군집(cluster)을 이루고 있는데, 역시 대격변을 겪었던 흔적을 보여주며, 사진 속 화석도 4~5개 암모나이트가 화석으로 변해있다(사진 참조). 가끔 강바닥에 있는 둥근 자갈을 두드리면 두 쪽으로 갈라지고, 그 안에서 암모나이트 화석이 발견되기도 하는데 아내가 외국 여행길에 선물로 사다준 화석도 이런 형태이다.

앵무조개 화석도 진화론의 연대로 약 5억 년 전인 캄브리아기 지층에서 발견된다. 이 역시 현재 살아 있는 것과 전혀 다른 점이 없다. 암모나이트도 멸종되지만 않았다면 오늘날에도 동일한 모습이었을 것이다. 멸종된 탓에 진화론에서 활용되고 있지만 그 형태 속에 설계의 흔적과 정교한 기능들을 지니고 있는, 진화와 무관한 완벽한 생명체이다. ❖

고래의 귀 화석으로 알아본
포유동물 진화설

요나가 밤낮으로 사흘 동안 고래 배 속에(in the whale's belly) 있었던 것 같이 사람의
아들(= 예수님, 성자 하나님)도 밤낮으로 사흘 동안 땅의 심장부에 있으리라. (마 12:40)

하나님은 요나에게, 니느웨로 가서 하나님의 심판을 선포하라는 명령을 내
리셨지만, 그는 거절하고 욥바로 가서 다시스 가는 배를 탔다. 이에 주님이
풍랑을 일으키시자 뱃사람들은 제비를 뽑아 그 원인이 요나에게 있는 것을
알게 되었고 그들은 요나를 바다에 던졌다.

이때 하나님은 큰 고래를 예비하시어 요나를 세 낮과 세 밤 동안 그 속에 있
게 하셨는데, 고래는 해저산(海底山) 밑바닥까지 내려갔다. 그러나 요나의 혼
이 지옥의 배 속에서 삼일동안 부르짖을 때 하나님이 그의 생명을 썩음에서
끌어 올리셨다(욘 2:2, 6).

그래서 예수님은 자신이 십자가에서 죽으시고 사흘 후에 부활하실 것을 요

나를 통해 알려주신 것이다. 즉 표적을 구하는 서기관들과 바리새인들에게 대언자 요나의 표적 외에는 주지 않겠다고 하시면서 십자가에서 돌아가신 후 요나처럼 세 낮과 세 밤, 즉 72시간을 땅의 심장부인 지옥(지하세계, 낙원)에 계셨다가(마 12:40) 부활하신 것이다. 그래서 요나는 죽은 다음 육신은 고래 뱃속에 남아 있었지만 그의 혼은 지하세계에 갔던 것이다. 보통 교회 주일학교 학생들에게 가르치는 성경동화처럼 요나가 고래 배 속에서 죽지 않고 기도만 했다면 예수님은 자신의 죽음과 부활에 대해 요나를 예로 들지 않으셨을 것이다.

고래는 창조주간에 주님이 만드셨다(창 1:21). 개역성경에는 '큰 바다 짐승'으로 되어 있지만 킹제임스 흠정역 성경은 '큰 고래들(great whales)'로 바르게 번역하였다. 그런데 요나를 삼킨 고래에 대해 우리 자녀들이 배우는 교과서에는 '육상의 포유동물에서 진화한 생물'로 되어 있다. 고래가 젖을 먹인다는 사실 때문에 말 그대로 포유류(哺乳類)였을 것으로 상상한 것이다.

찰스 다윈도 곰(bear)을 고래의 조상으로 생각했는데, "나는 곰이 자연선택에 의해 입이 계속 커지는 등 그 신체구조와 습관들이 물에 적응할 수 있도록 끊임없이 변하여 거대한 고래가 되었다고 상상하는 데 큰 어려움이 없다.”라고 말하기도 했다.

과연 이와 같은 진화론자들의 주장은 옳은 것일까? 어떤 근거로 이렇게 주장하는지 살펴보자.

첫째, 그들은 고래의 귀 안에 있는 뼈, 즉 이소골(耳小骨, auditory ossicle)이 포유동물의 것과 비슷하기 때문에 진화의 강력한 증거라고 주장한다. 사진에 있는 것처럼 겉모양도 사람의 귀처럼 생겼지만 약간 더 길어 크기는 5 × 9cm 정도이며 검은색이다.

그러나 고래의 이소골은 덩치가 큰 포유동물의 것과는 비교가 안 될 정도로 매우 작지만 높은 수압에도 견딜 수 있도록 튼튼하게 만들어져 있다. 고래는 이런 작고도 특별한 귀를 가지고 물속에서 음파를 탐지하며 먹이를 찾기 위해 바다 깊은 곳까지 잠수할 수 있었을 것이며, 요나를 삼킨 채 심해 바닥까지 내려갈 수 있었을 것이다.

둘째, 고래의 피부는 포유동물의 모든 털이 없어진 결과라고 한다. 그러나 동물의 털이 소실되면 때로 생명을 잃을 수도 있는데 어떻게 신체 구조가 서서히 바뀌면서 진화되었는지 설명을 못한다. 물론 무수히 존재해야 할 곰과 같은 포유류와 고래의 중간 형태도 전무하다.

1936년 케임브리지 대학의 동물학자 제임스 그레이(J. Gray) 교수가 실험을 한 결과, 보통 돌고래는 시속 40km까지 속도를 내는데, 이때 요구되는 에너지는 근육이 만들어 낼 수 있는 에너지의 열 배라는 사실이 밝혀졌다. 그 후 1938년에는 독일의 맥스 크라머(M. O. Kramer)가 현미경으로 자세히 관찰한 다음, 피부에 난 작은 돌기들 즉 리블렛(riblets)이 물의 저항을 감소시킨다는 사실도 알아냈다. 최근에 돌고래 피부를 응용한 전신 수영복이 물의 저항을 감소시키는 효과가 뛰어나 수영 선수들에게 인기를 끌었지만 국제경기에서 착용불가 판정이 나기도 했다. 이처럼 그 피부는 주님께서 물 속 환경에 잘 적응할 수 있도록 특별하게 창조하신 것이지 털이 있는 동물의 피부에서 진화되었다고 볼 수 없다.

셋째, 진화론자들은 고래의 골반뼈(관골 또는 볼기뼈, hip bone)도 과거 고래의 조상인 포유동물이 걸어 다닐 때 사용한 흔적기관(vestigial organ)이라고 주장하지만 최근 연구 결과, 이것이 다리가 아닌 생식기를 지지하는 뼈라는 사실이 밝혀졌다.

그밖에 돌고래 입 주변에 난 작은 구멍들도 쓸모없는 흔적기관으로 생각했지만 사실은 전기신호를 감지하는 기관으로 알려지는 등 퇴화한 기관이란 사실상 존재하지 않는 것으로 드러나고 있다.

세계 각지에서 수십 수백 마리의 고래 화석이 한 장소에서 무더기로 출토되었는데, 남아메리카 서부 해안에서는 300여 마리, 칠레의 한 사막에서는 80여 마리가 발견되기도 했다. 이것들도 다른 화석들과 동갑내기로 노아의 대홍수 때 생긴 것이 분명하다. 물론 그 당시 만들어진 고래 귀 화석도 진화의 산물이 아니라 공기와 수중 음파 모두를 잘 포착할 수 있도록 애초부터 완벽하게 만들어진 창조주의 작품이며, 그분의 능력과 영광을 드러내는 놀라운 기관일 뿐이다. ❖

별에서 온 그대,
운석隕石

1943년 전남 고흥군 두원면에 운석(별똥별)이 떨어진 후 약 71년이 지난 2014년 3월, 한반도에 다시 낙하한 운석으로 온 나라가 들썩거렸다. 하루에도 수백 명의 운석 사냥꾼들이 경남 진주로 모여들었다.

별똥별이 떨어진 그 당시 상황은 연세대 변용익 천문우주과학 교수에 의하면, 타다 남은 운석이 한반도 상공 118km 지점에서 수도권 남쪽으로 진입 후 대전 쪽으로 날아갔다는 것이다(고도 85km). 그리고 다시 불꽃을 뿜으며 하강하다가 약 5초 후 경남 함양 산청 상공 25km 지점에서 폭발해 일부가 진주에서 발견되었다고 한다.

같은 해에 열린 소치 동계올림픽에서는 금(金)보다 40배가 넘는다는 '운석 조각이 박힌 금메달'을 수여하기도 했는데, 이런 영향으로 운석에 대한 일반인들의 관심은 더욱 고조되었다.

그러면 운석에 대해 성경과 역사 기록은 무어라 말하고 있을까? 그에 대한 진화론들의 주장들은 옳은 것일까?

삼국사기에는 월성 등 몇 군데 지역에 큰 별이 떨어졌다는 내용이 있다고 한다. 조선왕조실록에도 경상도 산음현(산청) 북리에 큰 천둥소리가 난 뒤에 보니 겉은 검고 안쪽은 흰 돌이 발견되었다는 기록이 있다.* 아리스토텔레스 뿐만 아니라 1790년 세계적인 과학단체 '아카데미 프랑세르'도 운석을 부인했는데 1803년에 와서야 과학자들은 운석의 실존을 입증했다. 하지만 이보다 훨씬 전인 BC 1430년에 기록된 성경에는 놀랍게도 이미 운석에 대한 언급이 있다.

> 그들이 이스라엘 앞에서 도망하여 벧호론으로 내려갈 때에 주께서 아세가에 이르기까지 하늘에서 큰 돌들(great stones from heaven)**을 그들 위에 내리시매 그들이 죽었는데 이스라엘 자손이 칼로 죽인 자보다 우박으로 죽은 자가 더 많았더라. (수 10:11)

운석은 지구상에는 없고 우주에서 날아온 별의 잔해라는 희귀성 때문에 사람들의 관심을 끌고 있다. 진화론자들도 지구를 포함한 태양계의 생성과 초기 모습을 연구하기 위해 운석을 주목한다. 그들의 주장에 의하면 지구는 46억 년 동안 풍화와 침식을 겪어왔지만 운석은 이런 현상을 겪지 않았으므로 소중한 연구 자료가 된다는 것이다.

과학자들은 진주에 떨어진 운석의 나이를 무려 45억 9천만 년이라고 발표

❙ 중국 산둥 지방에서 발견된 석철운석. 강력 자석이 잘 달라붙는다.

했는데, 이는 성경에 기록된 지구와 우주의 나이 6천 년에 비해 무려 76만 5천 배 차이가 난다. 신실하신 주님의 말씀과 진화론의 격차를 보여주는 단면이다.

또 진화론자들은 운석이 지구상에 충돌해 공룡이 멸종되었다는 '운석 충돌설(meteorite extinction hypothesis)'을 주장한다. 그러나 이 이론은 신빙성이 없다. 어떻게 현재의 멕시코 유카탄 반도에 떨어진 운석이 지구 전체에 영향을 미쳤으며, 그것도 공룡만 멸종시킬 수 있겠는가! 학자들의 연구에 의하면 공룡이 멸종되기 위해서는 적어도 지름이 10km 정도의 운석이 떨어져 180km 정도 지름의 깊은 크레타(운석공)가 생기고 주변부는 융기되어야 한다. 멕시코 칙쇼루브(Chicxulub) 크레이터도 전혀 이런 형태가 아니고 오히려 화산분화구일 가능성이 많다.

운석은 철 성분의 양에 따라 석운석, 석철운석, 철운석 등으로 분류한다. 내 서재에 있는 운석은 석철운석(stony iron meteorite)으로, 그 크기는 어른 주먹만 하고 검게 탄 흔적이 있다. 또 표면이 매끄러운 이 운석은 매우 단단하고 일반 돌보다 훨씬 무거워 운석으로서의 모든 조건을 갖추고 있다(사진 참조).
보통 운석은 낙하한 곳이나 발견된 지점의 지명을 따라 이름을 붙이는데, 이
것은 중국 산동지방에서 발견되었기 때문에 '산동 석철운석'이라 부른다.

그런데 흥미롭게도 운석은 떨어진 장소의 부동산 소유자와 상관없이 최초
발견자에게 그 소유권이 주어지는 것이 관례이다. 먼저 발견한 사람이 임자
인 셈이다.

참고로 운석은 빈약한 정보만으로 중고거래를 하다가는 낭패를 당하기 쉽
다. 일반인들은 구별하기 힘들므로 운석에 관심이 있어 거래를 할 때에는 반
드시 운석감정 분석표와 같은 증명서를 확인해야 할 것이다.

매년 지구로 500g짜리 운석이 500개쯤 떨어지는데, 현재 전 세계적으로 약
3만 개의 운석이 있다고 하며 큰 것은 60톤 정도나 된다고 한다. 이 운석들
도 지구와 우주진화의 비밀을 담고 있는 것이 아니라 창조 사실을 드러낼 뿐
이다. 지구에 없다는 이유만으로 돌덩어리에 불과한 운석이 대단한 인기를
누리고 있지만, 영원히 빛날 천국을 장식한 각종 보석들에 비하면 너무나 보
잘것없고 하찮은 것이리라. ❖

수술실이 기도실이 된 이유

지난 25년간 나는 늘 긴장감이 흐르는 수술실에서 환자들의 아픔과 고통을 덜어주는 마취통증시술을 해왔다. 그리고 마취과 주치의인 레지던트 1년차 때부터 초응급수술을 제외하고는 먼저 기도를 드린 다음 시작하였다.

세월은 유수처럼 참 빠르기도 하다. 초등학교 등하굣길에 징검다리를 폴짝 폴짝 건너며 강물에 멱도 감았던 시절이 엊그제 같은데, 가끔 거울 앞에 서면 늘어만 가는 흰 머리카락과 눈가의 잔주름에 놀라게 된다. 하지만 마음속에 지난 추억들이 뭉게뭉게 피어오를 때면 중년의 주름진 얼굴에 금세 미소를 머금게 된다.

나는 소설가 故 이청준의 고향이자 감칠맛 나는 은어로 이름난 탐진강이 감돌아 흐르는 고장에서 태어났다. 가난한 유학자로 서당 훈장이셨던 할아버지의 영향으로 코흘리개 때부터 글방에 출입하며 서당 아이들과 함께 어울려 놀던 시간들, 끝없는 농사일을 도우며 중학교 졸업과 동시에 광주로 진학

한 일, 의과대학 본과 1년 봄 광주민주화운동 때 젊은이들을 무차별 학살하던 공포의 현장에서 동료들과 탈출을 시도해 사선을 넘던 경험, 그 해 난생처음으로 교회에 첫발을 내딛고 그 인연으로 전주예수병원에서 마취과 수련의 과정을 마치기까지… 추억의 필름들이 줄기에 주렁주렁 매달린 고구마처럼 이어진다.

사람은 많은 아픔과 시련이라는 다듬이질을 통해 강인하게 성장한다. 이처럼 주님은 한없이 부족한 나를 역경으로 단련시켜 기독의사로서의 소명을 주셨다고 믿는다. 특히 상처받은 환자를 그리스도의 사랑으로 섬기기에 안성맞춤이고, 신앙생활과 복음 전파에 적합한 예수병원에서 일하게 된 사실이 그저 감사할 뿐이다.

인턴을 마치고 전공할 과를 정할 때도 기도 후에 3D라는 마취과를 별 망설임 없이 선택했고, 지금도 후회는 없다. 아직도 잊히지 않는 것은, 1년차 레지던트 시절, 수술 전에 환자를 위한 기도를 마치자 설대위(Dr. David John Seel) 원장님께서 내 등을 가볍게 두드리며 격려해주신 일이다. 내게 얼마나 큰 힘이 되었는지 모르겠다. 그분은 한국전쟁 직후 어렵던 시절, 전주에 의료선교사로 오셔서 36년간 사랑의 인술을 펼치신 '한국의 슈바이처'였고, 예수병원 발전을 위해 최선을 다하셨던 분이다. 몇 년 전 주님의 부름을 받으셨지만 '모든 환자를 예수님처럼 대하라'라는 신조로 섬기시던 모습이 아직도 눈에 선하다.

"사랑과 은혜가 풍성하신 하나님! 지금 수술을 받게 될 사랑하는 아들/딸 ○○○ 님을 위해 기도합니다. 원하지 않은 사고(혹은 질병)로 고통 가운데 있사오니 합당한 치료를 받고 건강하게 퇴원할 수 있도록 속히 회복시켜 주시옵소서. 이번 기회에 우리를 죄와 사망에서 구원하시기 위해 십자가에서 죽으셨다가 삼일 만에 부활하신 주님을 알게 하소서. 그리고 시련을 딛고 새롭게 태어나게 하소서. 또 수술을 담당하는 의료진과 돕는 간호사의 손길을 붙잡아 주시고, 주님의 뜻을 이루는 귀한 도구로 사용해 주시옵소서. 그리고 수술실 밖에서 애타게 기다리는 보호자와 가족들에게도 마음의 평안을 부어주실 줄 믿고, 예수님 이름으로 기도드립니다. 아멘!"

이렇게 기도를 중요하게 여겨 지속하는 이유가 있다. 먼저 의사는 환자를 치료하지만 근본적으로 치유하시는 분은 주님이시기 때문이다. 인간은 세포 하나, 실핏줄 한 가닥도 만들 수도 그 기능을 조절할 수도 없는 창조물(創造物)이기에 더욱 겸손한 마음으로 창조주(創造主)이신 하나님께 기도하게 된다.

오래전에 나도 직접 환자가 되어 치핵제거 수술을 받아보았지만 수술대에 누우면 누구나 두려움과 긴장감을 갖기 마련이다. 어떤 환자는 극심한 공포심으로 수술대가 진동할 만큼 바들바들 떨기도 한다. 수술하기 직전, 만감이 교차하는 이들의 손을 잡고 기도해주면 대부분 편안한 마음을 갖게 되고, 눈물을 흘리는 분들도 많다.

수술을 하는 일반외과·정형외과·산부인과·신경외과·이비인후과·성형외과·안과·비뇨기과·치과 등 외과의사와 돕는 간호사들을 위해서도 기도한다. 수술이라는 한 배를 타고 가는 의료진 모두가 각자 맡은 바 책임을 다할 때 만족한 결과를 얻을 수 있기 때문이다.

수술이 지연되거나 출혈이 심할 때도 조용히 눈을 감고 간절히 기도한다.

처음에는 좀 쑥스럽기도 했지만 용기를 내어 계속하다 보니 이제는 익숙해졌다. 간혹 기도하는 것을 깜빡 잊고 마취를 시작하려고 하면 수술 담당의사가 "왜 기도 안 하세요?"라고 물을 때도 있다.

기도하면서 겪은 에피소드도 많다. 한 번은 기도하고 난 뒤에 환자의 직업을 물어보니 "내가 목사요."라고 하신다. '아차, 혹시 내가 기도할 때 실수는 하지 않았나?' 하는 생각이 들어 "혹시 번데기(?) 앞에서 주름잡은 건 아닌가요?" 하고 농담조로 말을 건네면 "아니요, 의사 선생님이 기도해주시니 참 좋습니다."라며 기분좋게 응수하신다.

며칠에 한 번씩 서는 당직 날이면 예고 없이 생기는 응급수술 때문에 잠을 설치기도 한다. 한밤 중 고요한 정적을 깨뜨리고 "삐리리~ 삐리리!" 공포(?)의 스마트폰 벨이 울린다.

"선생님! 초산인데요, 분만 진행이 안 되고 태아 심박동 수가 떨어져 응급으로 제왕절개수술(C-section)을 해야 할 것 같아요. 서둘러 오세요!"

간호사의 다급한 목소리는 선잠을 깨우는 확실한 무기다. 벨이 울릴 때마다 깊은 잠을 못 이루는 아내에게 늘 미안한 마음을 뒤로하고 서둘러 병원에 도착한다. 이미 심한 진통으로 거의 탈진 상태가 된 산모는 나를 보자마자,

"제발 저 좀 살려 주세요!"

하며 애원 반 하소연 반 소리를 친다. 신속하게 마취 장비와 필요한 몇 가지 약품들을 점검한 후 전신마취나 하반신마취를 시작하면 약 5분 전후로 우렁찬 아기 울음소리가 수술실을 가득 메운다. 천하보다 귀한 생명이 수고한 모든 의료진들에게 보내는 감사의 신고식이다.

물론 이런 초를 다투는 응급상황에서는 여유 있게 기도할 시간이 없기 때문에 마음속으로만 기도하면서 마취에 열중한다. 힘찬 울음소리를 듣고서야 수술실은 어느 정도 안정감을 되찾는다.

간혹 아기 상태가 나쁘면 마취과 의사는 인공호흡도 능숙하게 해야 하며, 전반적인 수술실 흐름을 잘 감지하고 마취된 환자의 상태를 계속 파악해 만일의 응급상황에 잘 대처를 해야 한다. 그래서 수술실에 근무하는 마취과 의사를 종종 '오케스트라 지휘자'나 '비행기 조종사'에 비유하기도 한다. 수술이 끝나면 전신마취인 경우 환자가 안전하게 마취에서 깨어나도록 몇 가지 약물 투여와 처치를 한 다음 회복실로 옮긴다.

"우리 아기 어디 있어요? 손발가락 열 개 맞나요? 다 정상인가요?"

어렴풋이 의식을 되찾은 산모는 본능적으로 묻는다. 살을 찢는 아픔도 자기 분신인 새 생명을 얻은 기쁨 앞에서는 한 걸음 물러서는 것 같다.

어떤 환자는 수술 후 오랜 세월이 지난 다음 다시 수술실에서 만나기도 하는데, 나를 잊지 않고 "그때 기도해주신 마취과 선생님 아니세요?" 하며 반가워한다.

얼마 전에는 병원 직원이 "선생님~ 병원 친절교육을 받으러 갔는데 전국적으로 소문이 났대요. 강사가 교육 중에 '전주에 가면 기도해주는 마취과 의사'가 있다는 얘기를 하더라고요."라고 전한다. 나쁜 소문은 아니니 기분이 좋았다. 하지만 피곤할 때나 다루기 힘든 환자를 만날 경우, 가끔 기도할 마음이 나지 않을 때도 있는데, 부족한 나 자신을 반성하며 말씀 묵상으로 마음을 추슬러 보기도 한다.

마취과학은 아직도 일반인에게 낯설고 베일에 가려져 있다. 마취에서 깨어나는 과정을 유심히 지켜보면 참 신기하지만 이 세상 어떤 기계보다 더 정교한 인체를 다루는 일은 늘 긴장의 연속이다. 하지만 무사히 끝났을 때 밀려오는 안도감과 만족감으로 늘 기쁘다. 그리고 내일은 어떤 환자를 만나게 될지 기대하면서 수술실에서의 내 하루 임무를 마친다. ❖

2

삶 속에서 만나는
창조 섭리

주의 하늘들 곧 주의 손가락으로 지으신

작품과 주께서 정하신 달과 별들을

내가 깊이 생각하오니

사람이 무엇이기에

주께서 그를 생각 속에 깊이 두시나이까?

사람의 아들이 무엇이기에

주께서 그를 찾아오시나이까?

(시 8:3~4)

호랑거미,
옥상 텃밭을 부탁해

우리 집 옥상은 언제부터인가 아기자기한 텃밭으로 탈바꿈했다. 천성이 부지런한 아내 덕분에 싱싱하고 다양한 쌈 채소며 호박과 오이, 고추, 부추, 파, 토마토 등으로 식탁이 늘 풍성하다. 녹색식물을 가꾸면서 덤으로 심리적인 안정감과 스트레스 해소 등 소위 원예치료의 혜택까지 톡톡히 얻고 있다. 농약을 사용하지 않아 가끔은 해충 때문에 애를 먹기도 하지만….

어느 날 해충방제를 위해 고민하던 중 좋은 생각이 떠올랐다. 아내와 함께 황방산에 오른 다음 내려오는 길에 거미를 찾아보기로 했다. 등산로 근처 여기저기 거미줄이 쳐 있어 그곳의 주인들 중에 큼직한 호랑거미 두 마리를 나뭇젓가락으로 채집해 플라스틱 껌 통에 담았다. 거미가 살아있는 농약으로 해충방제에 이용되고 있다는 정보를 들은 바 있어 우리 집 옥상 텃밭으로 보쌈(?)을 해 온 것이다.

그런데 집에 도착해보니, 아뿔싸! 한 놈은 네 쌍의 다리 중에서 한 쌍이 떨

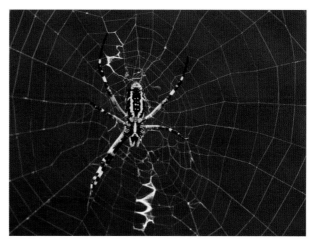

■ 집짓기와 해충방제의 달인 거미. 한 쌍의 다리가 없다.

어져 나갔다. 아마 본능적으로 자신을 방어하기 위해 다리를 절단한 것은 아닌지 모르겠다. 가엾은 거미를 그늘진 고추잎사귀에 살며시 놓아주자 다음 날 세 쌍의 다리만으로도 둥근 그물을 멋지게 뚝딱 지어 놓았다. 무척 신기해서 한참을 관찰하다가 거미를 창조하신 주님의 솜씨에 다시 한 번 감탄!! 며칠 뒤에는 화분을 옮기느라 본의 아니게 거미줄이 온통 망가졌지만 이튿날 탁월한 솜씨로 완벽한 거미줄을 재건축해 놓았다. 이제는 거미가 징그럽지 않고 사랑스러워졌다.

우리나라 정서상 집안에 거미가 있으면 께름칙하게 여기고 밖에 내다버리거나 죽이기까지 한다. 하지만 거미가 다양한 해충을 잡아먹음으로써 쾌적한 생태계가 유지된다는 사실을 간과해서는 안 된다. 열대지방에서는 해충만을 잡아먹기 때문에 독거미와도 한식구처럼 동거한다고 한다.

거미는 전 세계에 약 4만 종이 있는데 이들이 하루에 한 마리씩 해충을 없앤다면 1년간 처리한 해충의 무게는 무려 사람 5천 만 명의 몸무게와 같다고 한다. 이는 살충제로 죽이는 수보다 훨씬 많아 매우 효과적이고 친환경적이라 할 수 있겠다.

중국에서는 추수 후 논이나 목화밭에 볏짚을 둥글게 쌓아두어 거미가 월동하게 한다. 거기서 살아남은 많은 거미들이 해충을 없애기 때문에 수확량이 증가하고 살충제 사용량이 많이 줄어든다고. 일본에서도 삼나무(스기나무)에 피해를 주는 혹파리 제거를 위해 거미를 이용한다.

거미는 주로 3쌍의 실젖에서 나오는 실로 거미줄을 친다. 놀라운 것은 누가 가르쳐주지도 않았는데 알에서 갓 깨어난 어린 거미도 어미와 완벽할 만큼 똑같이 거미줄을 친다는 사실이다. 거미는 같은 실젖에서 알을 싸는 실, 먹이를 포획하는 실, 위급할 때 도망하는 탈출용 실 등 7가지 다른 성분의 실을 만들어낸다고 하니 경이롭지 않은가! 또 거미줄은 강철보다 더 튼튼해 철사 굵기의 가는 거미줄 하나로 피아노 무게를 버틸 수 있다고 한다. 이런 특성을 이용해 의료용 봉합 실이나 방탄조끼 등을 만들고 있다.

때로 하찮고 혐오스럽게 보이지만 집안에서는 파리나 모기, 바퀴벌레를, 집 밖에서는 식물을 공격하는 해충을 잡아먹는 고마운 곤충이다. 우리 집 옥상 텃밭의 새로운 정원사, 실뽑기와 집짓기의 달인 거미는 진화론자들의 주장처럼 삼엽충에서 진화한 것이 아니라 처음부터 정교한 기술을 탑재한 창조물로 지구 생태계를 배려하신 주님의 완벽한 걸작인 것이다. ❖

경이로운 곤충
벌의 존재 이유

어느 가을날 아침, 진안 마이산 근처 코스모스 꽃잎 안에 깊은 잠에서 깨어나는 꿀벌의 모습을 지켜보게 되었다. 처음에는 혹시 죽지는 않았는지 나뭇가지로 살살 건드려 보았더니 약간씩 꿈틀거렸다. 잠시 후 아침 햇볕이 온 들판에 비치고, 아늑한 분홍빛 침실이 따뜻해지자 서서히 기지개를 켜고 서둘러 일을 나서는 모습이 어찌나 신비롭던지 한참 동안 관찰했다. 이제 주님께서 맡겨주신 수분*과 꿀 채취 업무를 충실하게 수행하기 위해 힘차게 아침 공기를 가르며 날아간 것이다. 물론 몸 주변에 화분이 잔뜩 묻어 있는 것을 보니 일벌임에 틀림없다.

벌은 사람들이 흔히 생각하는 것과는 전혀 다른 경이로운 창조물이다. 먼저 벌의 수분을 살펴보면 신비 그 자체이다. 우리 인간은 가시광선을 통해 꽃을 보지만 다른 곤충처럼 벌은 자외선을 이용하므로 붉은색도 검게 보인다.

---

* 受粉, 종자식물에서 수술의 화분(花粉)이 암술머리에 옮겨 붙게 하는 일

▌생태계에서 꼭 필요한 활동을 하는 꿀벌

이런 자외선을 통해 꽃의 안쪽 무늬, 즉 꽃을 쉽게 찾을 수 있도록 안내자 역할을 하는 무늬를 발견한다.

이 세상에 존재하는 수많은 꽃들은 곤충들이 못 보는 빨간색을 띠고 있다. 따라서 벌을 유인하기 위해 꽃이 스스로 빨간색을 비롯해 갖가지 알록달록한 색으로 진화했다는 진화론이 얼마나 허무맹랑한 상상인지 알 수 있다. 지구상에 수많은 붉은 꽃들의 존재 이유는 우리 인간을 위한 것임을 다시 확인할 수 있다.

벌은 꿀을 따기 전에 날마다 어떤 꽃을 방문할지 집단별로 미리 결정한다고 한다. 벚꽃으로 가기로 결정하면 아무리 가까운 곳에 향기 나는 넥타**를 가진 개나리꽃이 있어도 가지 않는다. 멀리 가기 싫어 근처이 있는 다른 꽃을 찾아가면 수분이 되지 않아 열매를 맺을 수 없을 것이다.

** nectar. 식물이 분비하는 꿀이나 감미로운 음료. 혹은 이런 것을 재료로 만든 과실음료

한편 식물은 벌이 찾아와 수분을 하도록 에너지가 많은 넥타를 만들어 놓는다. 이처럼 벌과 꽃은 처음부터 서로를 돕도록 주님께서 신비롭게 창조하셨다!

그렇다면 벌들이 이런 단체 행동을 할 때 어떤 방법으로 의사소통을 할까? 학자들의 실험과 연구에 의하면 먼저 꿀을 발견한 벌이 벌통 속에서 다른 동료에게 원형 춤, 8자 모양 춤으로 꿀이 있는 방향과 거리, 꿀의 종류와 양까지 정확히 알려준다고 한다. 꿀이 가까이 있으면 '원형 춤'을 추는데 춤이 빠를수록 가까운 거리에 있음을 표현한다고. 멀리 있으면 엉덩이로 '8자 춤'을 추는데 춤을 추면서 직진하는 방향과 속도로 거리를 동료에게 알려준다. 그러면 주변의 벌들은 춤을 추는 벌의 뒤를 따라가면서 언어를 해독하는 참으로 놀라운 창조물이다!

몇 년 전부터 원인도 모르게 꿀벌이 현저히 줄어들고 있는데 스마트폰 전파나 전자파 등으로 인해 벌이 자신의 집을 찾지 못하기 때문은 아닌지 다만 추정할 뿐이다. 인류 식량의 3분의 1이 곤충 수분을 통해 생산되는데, 그 곤충의 80%가 벌이라고 하니 걱정이 이만저만이 아니다. 아인슈타인도 "꿀벌이 사라지면 인류도 4년 내에 사라진다."라고 했다. 꿀벌의 역할이 그만큼 중요하다는 뜻이다.

벌은 누구에게 그런 기술들을 배웠을까? 누군가 이와 같은 사실들을 알고 난 뒤에도 벌이 무생물에서 저절로 진화된 존재라고 우긴다면 더 이상 그를 설득할 방법은 없어 보인다. 하지만 누가 뭐래도 누군가에 의해 설계된 벌은 인류를 위해 오늘도 줄어드는 병력으로 묵묵히 일하고 있다. 맨 처음 창조된 그날처럼 말이다. ❖

토끼의
되새김질에 대한 진실

토끼도 되새김질은 하되 굽이 갈라지지 아니하였으므로 너희에게 부정하며 산토끼도 되새김질은 하되 굽이 갈라지지 아니하였으므로 너희에게 부정하고 (레 11:5~6)

And the coney, because he cheweth the cud, but divideth not the hoof; he is unclean unto you. And the hare, because he cheweth the cud, but divideth not the hoof; he is unclean unto you. (KJB)

최근 '무신론 갤러리'라는 불신자들의 온라인 공간을 잠깐 살펴보니 성경을 '개독경'이라 욕하고 "토끼가 되새김질을 한다고 기록한 성경은 얼마나 엉터리인가!"라며 무차별 공격하는 글들이 올라와 있었다. 과연 그들의 주장처럼 성경 기록이 틀렸을까?

독일 프랑크푸르트 동물원장으로 신앙심이 깊었던 버나드 그리지맥(B. Grizimek) 박사는 토끼가 되새김질을 한다는 성경 기록을 믿고 직접 확인하기 위해 토끼를 자세히 관찰해 보기로 했다. 그리고 사람들이 잠자는 시간인 밤

■ 성경 그대로 토끼는 되새김질을 한다. 제주도 어느 농장에서 촬영

12시부터 새벽 3시 사이에 자신의 똥을 다시 먹고 되새김질한다는 사실을 결국 밝혀냈다.

토끼는 두 종류의 변을 보는데, 맹장에서 만들어지는 부드러운 식변(먹는 똥, cecotropes)과 둥글고 단단한 분립(fecal pellets)이 그것이다.

이 시코트롭스라고 부르는 식변은 섬유질을 분해하는 미생물이 들어있을 뿐만 아니라 비타민B$_{12}$가 풍부한 점막에 둘러싸여 있어서 이것을 먹어야 음식이 잘 소화되고 건강하다는 것이다. 보통 생후 3주부터 먹기 시작하는데 못 먹게 하면 20~30일 사이에 영양실조로 죽는다. 토끼는 위(胃)가 3~5개인 소나 양과 같은 반추동물과는 달리 하나뿐이지만 식변을 섭취하는 행동을 통해 되새김을 하는 동물임에 틀림없다.

그렇지만 거의 대부분의 성경 역본에서 지레 짐작으로 토끼(coney)를 되새김하지 않는 오소리나 바위너구리 혹은 사반으로 잘못 번역했다. 심지어 톰슨 성경은 "토끼는 사실 되새김질을 하지 않고, 다만 계속적으로 입을 움직여 새김질과 같은 유사 동작을 되풀이 하는데, 그것은 이빨을 갈기 위해서이다."라는 엉터리 해석까지 수록하고 있다. 성경은 다 이해가 안 가도 그대로 옮기면 모두 진리로 드러나는데 믿음이 약한 사람들이 알아서 해석하려다 제 꾀에 넘어간 꼴이다.

음악으로 유기농 포도를 재배하시는 장로님과 식물과 음악에 관한 이야기를 나눈 뒤에 포도가 언급된 말씀인 민수기 13장 23절을 꺼냈다.

"장로님, 가장 많이 사용되는 개역개정판 성경에, 가나안 땅을 정복하기 위해 보낸 12명의 정탐꾼이 에스골 골짜기에서 '포도송이가 달린 가지'를 두 사람이 막대기에 메고 왔다고 되어 있어요. 하지만 킹제임스 흠정역에는 '포도 한 송이'로 기록되어 있는데 어떻게 생각하세요?"

그러자 그 장로님은 확신에 찬 목소리로 말씀하신다.

"집사님, '포도 한 송이'가 맞아요. 왜냐하면 지금도 가나안 '에스골' 골짜기라는 뜻의 네헤네스콜(Nehelescol)이라는 청포도 종이 있기 때문이죠. 이 포도는 한 송이 크기가 무려 1.2~1.5m, 무게는 10~12kg까지 나갑니다."

마음속으로 '그래, 성경이 틀릴 리가 없지.'하고 쾌재를 부르며 완전한 성경을 지금까지 보존해 주신 주님께 감사했다.

또 그들이 에스골 시내에 이르러 거기서 포도 한 송이가 달린 가지를 잘라 두 사람이 막대기에 메고 또 석류와 무화과를 가져오니라. (민 13:23, 흠정역)

또 에스골 골짜기에 이르러 거기서 포도송이가 달린 가지를 베어 둘이 막대기에 꿰어 메고 또 석류와 무화과를 따니라. (민 13:23, 개역개정)

토끼를 포함한 만물을 만드신 주님의 말씀, 즉 성경은 이처럼 정확무오하다. 하지만 신학자들은 성경도 시대에 따라 변할 수 있다며 자신에 입맛에 맞게 '베드로전후서' 분량 만큼 삭제하였고 수천군데 단어를 변개시킨 것이다! '하늘과 땅은 없어지겠으나 내 말들은 없어지지 아니하리라(마 24:35)'라는 주님의 말씀을 그들은 망각하고 있다. 약 10^{22}개로 추정되는 하늘의 수많은 별들이 충돌하지 않도록 질서 있게 운행하시는 주님께서 겨우 80만(정확히는 788,258개) 단어밖에 안 되는 성경을 보존하지 못하셨다는 것은 주님의 능력을 너무나 얕잡아 보는 것이 아니고 무엇이겠는가!

그래서 의도적으로 말씀을 변개시키는 자들에게 우리 주님이 세 번이나 엄중히 경고하신(신 4:2; 잠 30:6; 계 22:18~19) 사실을 마음에 깊이 새겨야 한다. 성경 말씀을 잘 보존하고 전함으로 그분 앞에서 언젠가 회계보고(롬 14:12)를 할 때 칭찬받는 선한 청지기로 살기를 바랄 뿐이다.

주의 말씀들은 순수한 말씀들이니 흙 도가니에서 정제하여 일곱 번 순수하게 만든 은 같도다. 오 **주**여, 주께서 그것(말씀)들을 지키시며 주께서 그것(말씀)들을 이 세대로부터 영원히 보존하시리이다. (시 12:6~7)

내가 이 책의 대언의 말씀들을 듣는 모든 사람에게 증언하노니 만일 어떤 사람이 이것들에다 더하면 하나님께서 이 책에 기록된 재앙들을 그에게 더하실 것이요, 만일 어떤 사람이 이 대언의 책의 말씀들에서 빼면 하나님께서 생명책과 거룩한 도시와 이 책에 기록된 것들로부터 그의 부분을 빼시리라. (계 22:18~19) ❖

거짓말탐지기가 내장된
식물?

'낮말은 새가 듣고 밤말은 쥐가 듣는다'는 속담이 있다. 이 세상에 완전한 비밀은 없다고도 한다. 정말 그런 세상이 된 것일까?

2000년 6월 평양에서 남북정상회담이 리무진에서 비밀리에 진행되었다. 경호원까지 제외시킨 두 정상 김대중·김정일은 약 55분간 비밀 회동을 한 것이다. 미국에서 즉시 이 사실을 간파하고 첩보위성에서 전파를 쏘아 리무진 유리창의 미세한 진동을 감지해 두 사람의 대화내용을 고스란히 알아냈다. 참으로 소름끼치는 도청 능력이 아닐 수 없다.

이런 대단한 도청기술도 사람의 마음까지는 읽어낼 수 없겠지만 그런 분이 계신다고 성경은 밝히고 있다. 온 우주와 인류를 창조하신 주님은 모든 사람의 걸음을 보고 계시고(욥 34:21), 머리털까지 다 세셨으며(눅 12:7), 마음까지 감찰하시니(롬 8:27) 최고 성능의 첩보위성이라도 어찌 비교할 수 있겠는가!

전능하신 주님이 지으신 식물에도 이런 놀라운 능력이 숨어 있다. 오래 전에 공기정화식물에 관해 어떤 교수님과 대화를 나누게 되었는데, 손수 번역한 「식물에도 마음이 있다」라는 책을 보내주셨다. 일본에서 출간된 것을 번역한 책인데, 식물에 관한 흥미로운 내용이 가득 실려 있었다.

그 중에 '범인 찾기 게임'이 있다. 몇 명의 경찰관이 포함된 총 여섯 명의 실험 지원자에게 눈을 감은 상태에서 쪽지를 하나씩 뽑게 했는데, 오직 한 개의 쪽지에만 특별한 지령이 기록되었다. 그 내용은 '어떤 방에 놓인 두 그루의 식물 가운데 한쪽

■ 좋은 음악을 들으며 익어가는 포도송이

을 택한 다음, 그 잎과 줄기를 따서 조각내 버리고 발로 짓밟고 완전히 죽여 버리려는 것처럼 하라'는 지령이었다. 한 명씩 차례대로 방에 모두 들어갔는데, 특별 지령을 받은 한 사람만이 쪽지에 기록된 임무를 수행했다.

그런 다음 목격자인 다른 식물에 거짓말탐지기(polygraph)를 연결해 무작위로 한 사람씩 여섯 명을 그 식물 앞으로 지나가게 했다. 그런데 놀랍게도 특별 지령을 수행한 사람이 나타나자 그래프에 큰 반응이 그려졌다. 그 식물은 동료를 죽이려는 범인을 기억하고 찾아낸 것이다!

앞 글에 소개한 유기농 포도 농장의 장로님도 나에게 같은 경험을 들려주셨다.

그분이 어느 날 신품종을 접붙여 보았는데 맛이 없자 그 포도나무를 볼 때마다 잘라버리겠다는 생각만 했다고 한다. 그런데 실제로 그 나무가 죽었고 너무 이상해서 뿌리까지 확인했지만 어떤 외상이나 죽음의 원인이 없었다는 것이다. 이 경우도 식물이 사람의 감정에 반응한 것이라고 볼 수 있다.

어디 그 뿐인가. 식물은 음악에도 반응하는데, 국악이나 클래식 음악을 들려주면 수확량과 당도가 올라가고 줄기가 스피커를 감싸게 되었지만 록음악 같은 시끄러운 소리에는 식물이 덜 자라고 스피커를 피해 멀어지는 반응을 보여주었다. 물론 장로님도 하루종일 클래식 음악과 찬송가를 들려주면서 포도 재배를 하신다(사진 참조). 이런 맥락에서 보면 벼농사 철에 들판에서 흥겨운 농악놀이를 해온 우리 선조들의 지혜에 감탄하지 않을 수 없다.

최근 방사선 동위원소를 이용한 연구에 의하면, 키가 큰 나무는 햇볕을 받지 못하고 그늘에 사는 나무에게 조건 없이 영양분을 나눠주는 상리상생(相利相生)의 희생정신을 보여주었다. 또한 식물의 줄기에서 잎이 나는 순서(잎차례)는 피보나치수열이라는 법칙을 따른다.* 따라서 윗쪽에 난 잎은 아랫쪽 잎이 햇볕을 잘 받을 수 있는 규칙에 따라 배치되므로 모든 잎이 고른 광합성을 할 수 있다.

우연히 지구상에 출현해 서로 먹고 먹히는 먹이사슬 속에서 무한경쟁과 약육강식, 적자생존의 논리에 따라 좋은 유전자를 가진 식물만이 진화의 기회를 얻었다는 주장은 이제 설 자리가 없게 되었다. 식물은 처음부터 완전한 유기체로 자연과 조화를 이루며 사람을 돕고 모든 생명체의 양식이 되도록 주님께서 지으신 축복의 선물이다. ❖

---

* 피보나치수열 : 이탈리아 수학자인 피보나치('보나치의 아들'이라는 뜻. 공식적인 이름은 Leonardo Pisa, 1170~1250)가 발견한 것으로 0, 1, 1, 2, 3, 5, 8, 13, 21, 34, 55,⋯ 형태로 진행하는 수열. 즉 앞의 이웃하는 두 숫자를 더하면 다음 숫자가 되는 것으로 예를 들면 꽃잎이나 솔방울, 해바라기 나선 개수 등 대부분 생물이 이런 수열로 이루어져 빈틈이 없고 아름답게 보인다.

온 세상 씨앗들의
아름다운 비행

우리 집 고구마 밭에는 뿌리지도 않았는데 씨주머니가 아주 작은 콩이 주렁주렁 열렸다. 그런데 수확을 하려고 콩 주머니를 만지자마자 '폭탄'처럼 쉽게 터져 버렸다. 잠시 좋은 아이디어가 떠올라 조심스레 잘 익은 것으로 한 움큼 채취한 다음 햇빛이 들어오는 거실 한 켠에 간단한 촬영 세트장을 만들고 삼각대 위에 카메라를 장착했다.

혼자서 한 손으로 콩 주머니 끝을 잡고 터뜨리면서 다른 손으로 셔터를 눌러 여러 번 고속 촬영해 보았는데, 순식간에 작은 콩이 어찌나 멀리 날아가는지…. 유심히 살펴보니 벌어진 콩깍지는 모두 꽈배기처럼 꼬여 있었다. 그렇구나! 벌어지는 순간 강력한 힘으로 생각보다 훨씬 먼 곳으로 씨앗을 퍼트릴 수 있는 비결은 바로 이런 비틀림이었어! 다 여문 씨주머니는 강한 햇볕에 바싹 마르면 벌어지는데, 어떤 종류는 장장 15m나 날아가기도 한다.

식물은 동물처럼 스스로 움직일 수 없기 때문에 이와 같이 빠른 속도로 멀

79

▌콩깍지가 비틀리면서 터지자 그 반동으로 멀리까지 날아가는 콩의 모습

리 날려버리기도 하고 바람을 이용하기도 한다. 중학교 다닐 때 운동장 뒤편에 단풍나무 여러 그루가 있었는데 가을이 깊어지면 씨앗이 빙글빙글 돌면서 땅으로 떨어지던 모습이 지금도 눈에 선하다. 단풍은 구부러진 날개를 지니고 있어 바람을 타고 날아가는데, 강풍이 불면 무려 10km까지 이동한다고 한다. 마치 원반이 바람의 저항을 타고 미끄러지듯 날아가는 것과 비슷한 원리일 것이다. 그 당시는 자연이 주는 선물도 훌륭한 놀이도구가 되었다. 땅에 떨어진 씨앗들을 한 주먹 움켜쥔 다음 공중에 힘껏 날리곤 했다. 수십 대의 헬리콥터 비행대가 동시에 내려오는 장관을 연출하기 위해서 말이다.

주변에서 쉽게 볼 수 있는 민들레도 바람을 이용해 하얀 낙하산처럼 보이는 작은 씨앗을 멀리까지 날려보낸다. 비가 오거나 이동이 어려운 날은 깃털을 접고 있다가 맑은 날이 되면 기다렸다는 듯 실바람만 불어도 낙하산을 펼쳐 멀리 이동을 한다. 회전초(tumbleweed)라는 식물은 하나의 뿌리로 지탱하는 둥근 형태인데 다 자라면 밑동이 잘려나가 바람이 부는 대로 굴러가면서 무려 25만 개의 씨앗을 대지에 뿌린다.

사람이나 동물·곤충·물·해류를 이용해 씨를 멀리까지 보내는 식물도 있다. 예를 들어 금낭화나 애기똥풀·얼레지 등은 씨앗에 개미를 유인하는 엘라이오솜(elaiosome)이라는 향기 나는 지방 덩어리를 지니고 있다. 개미가 씨앗을 자기 집으로 가져가면서 엘라이오솜을 먹고 씨를 버리면, 그 자리에서 싹이 나게 된다. 작년에 들꽃사진동호회 회원들과 완주(운주면) 깊은 산속에서 개미가 씨앗을 운반하는 깽깽이풀을 촬영한 적이 있다. 이 꽃의 이름도 개미의 깽깽이 걸음처럼 꽃이 띄엄띄엄 피어나기 때문에 붙여진 것으로 알려져 있다.

코코넛은 특이하게 해류에 의해 멀리 이동하는데, 몇 년에 걸쳐 수백 킬로미터까지 이동한다고 한다. 열대지방의 무인도를 보면 다른 것은 없어도 야자수는 꼭 있다. 누가 씨를 뿌리지 않았어도 어김없이 그런 코코넛 나무가 자라는 것은 바로 이런 이유 때문인 것이다. 그 외에도 까끄라기는 주변 공기가 습하면 움츠러들고, 건조하면 펴지는 반복된 운동으로 씨앗이 조금씩 전진할 뿐 아니라 땅속으로 깊숙이 들어가 발아한다.

몇 종류만 예를 들어 보았지만 모든 식물이 다 놀랍고도 흥미로운 방법으로 자기가 선 자리에서 씨를 퍼트리거나 여러 다양한 매개체를 통해 먼 곳까지 전달하고 있다. 이 얼마나 신기하고 감탄할 만한 씨앗들의 여정인가! 이런 지혜를 식물 스스로 터득해 진화되어 왔다고 하는 것이 진화론인데, 정말 이것이 과학이라는 말인가!

무작위가 아닌 일정한 목적을 가진 행동 패턴은 우연의 산물이 아니고 설계된 것을 뜻하고, 설계되었다는 것은 설계자가 존재함을 의미한다. 처음부터 씨앗을 멀리 퍼뜨려 인간을 이롭게 하고 온 땅을 충만하게 하시려는 창조주 하나님의 지혜로운 프로그래밍이 이런 씨앗속에 숨어 있는 것이다. 이런 결론이야말로 우연과 무작위로 모든 정교함을 설명하는 진화론과는 비교할 수 없이 합리적이고도 과학적인 사고라고 믿는다. ❖

착한 바이러스,
이로운 미생물의 재발견

어느 해 봄, 두 그루에 2천 원을 주고 아내가 사온 작두콩 모종을 화단에 심었다. 영양이 풍부하고 항암, 항염증 성분이 있어서인지 다른 모종에 비해 값이 비싼 편이었다. 우리 부부는 가을의 풍성한 수확을 기대하면서 열심히 물도 주고 가지가 타고 올라갈 지지대도 세워 주었다.

하지만 생각보다 꽃이 몇 송이 밖에 피지 않아 알찬 수확이란 부푼 꿈은 무더운 여름이 지나고 초가을에 접어들자 점차 무너지기 시작했다. 그래도 꼬투리 몇 개는 떨어지지 않고 나중에 익은 것을 열어보니 길이가 무려 3cm 정도나 되는 커다란 콩이 몇 개씩 빼곡히 박혀 있었다. 한 해 동안 땀 흘려 애지중지 키운 작물을 가을걷이하는 농부들 마음을 조금은 이해할 것 같았다.

이제 다른 것을 심으려고 작두콩 줄기를 잡아당기자 모래땅이어서 그런지 뿌리 전체가 끊어지지 않고 쉽게 뽑혔다. 뿌리를 자세히 살펴보니 여기저기에 혹 같은 것이 나 있는 게 아닌가!

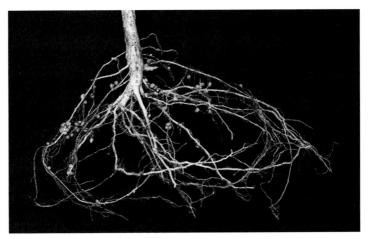

▌ 뿌리혹박테리아가 사는 작두콩의 뿌리 부분

'아~ 이게 바로 뿌리혹이구나. 뿌리를 통해 물과 영양분을 얻은 대신에 콩과 식물에게 공기 중의 질소를 붙잡아 공급하는 착한 뿌리혹박테리아가 사는 곳이로군!'

학교에서 배운 지식이 아련히 되살아나기 시작한 것이다. 콩과 식물은 공기 중의 질소를 바로 이용할 수 없기 때문에 박테리아의 도움을 받는다. 즉 대기 중의 질소(N_2)가 박테리아에 의해 암모늄이온(NH_4^+)으로 변하고, 다시 질산이온(NO_3^-)이 되어야 비로소 이용하게 되는 것이다($N_2 \rightarrow NH_4^+ \rightarrow NO_3^-$). 이렇게 뿌리혹박테리아는 콩과 식물로부터 당 성분을 공급받고 대신 식물이 쉽게 얻을 수 없는 단백질 재료(질소)를 콩에게 공급해 주어 사람이 '밭에서 나는 쇠고기(콩)'를 먹을 수 있게 해준다.*

콩이 비교적 척박한 땅에서도 잘 자라는 이유는 다름 아닌 이런 박테리아

---

* 바빌론에 포로로 끌려간 다니엘과 세 친구는 자신들을 더럽히지 아니하려고 느부갓네살 왕이 정해준 음식과 포도주를 거절하고 대신 콩과 물을 먹은 다음 왕궁 음식을 먹은 자들과 10일간 비교 실험을 하였다. 그 결과 그들보다 다니엘과 세 친구의 얼굴이 더욱 아름답고 살이 기름지게 보인 것이다(단 1장). 그런데 NIV나 개역성경 등에서는 '콩(pulse)'을 '채소(vegetables)'로 잘못 번역함

덕분이라고 할 수 있겠다. 보통 흙 1g에는 약 100억 마리의 수많은 바이러스·박테리아·효모 등 미생물이 살고 있다는데 식물과 조화를 이루며 상생하는 모습은 참으로 신통할 따름이다.

사람의 몸에도 세균이 없으면 건강을 유지할 수 없다. 건강한 사람의 피부와 소화관·호흡기·비뇨생식기관에는 유익한 세균들이 모여 소위 '정상세균총(normal flora)'을 이루고 있어서 해로운 세균의 침입을 막아주고, 인체가 필요로 하는 물질을 만들어낸다. 감염을 치료하기 위해 항생제를 투여 받은 환자들 가운데 설사 등 부작용이 가끔 생기는 이유는 이런 정상 세균들이 사멸되어 해로운 병원성 세균들에게 장악을 당했기 때문이다.

세균보다 훨씬 작은 바이러스는 어떤가. 몇 년 전까지만 해도 모든 바이러스는 인체에 해롭다는 생각이 지배적이었다. 그러나 연구를 하면 할수록 오히려 인간에게 유익을 주는 것으로 밝혀지고 있다. 최근 레오바이러스, 홍역 바이러스 등을 이용해 암세포만을 공격하여 암을 효과적으로 치료하는 연구가 진행 중에 있다. 일반 항암제는 정상세포까지 공격하므로 부작용이 많은 반면, 이런 킬러바이러스는 적은 부작용으로 탁월한 효과를 보여주어 암환자들에게 큰 희망을 주고 있다.

세균을 포함한 모든 미생물의 구조를 보면 이 역시 창조와 설계를 빼놓고 말하기 어렵다. 진화론 측의 주장처럼 오염되고 불결한 곳에서 벌레가 꼬이듯 저절로 생겨난 것이 아니다. 이런 존재들은 땅과 사람 간의 매개체 역할을 해서 삶에 유익을 주는 존재로 창조되었다는 사실이 연구를 통해 구체적으로 드러나고 있다. 아직은 인간의 죄악과 타락으로 만물이 창조 당시의 기능을 온전히 수행하지 못해 대부분 미생물들이 사람을 공격하여 힘들게 하지만, 언젠가 주님께서 모든 것을 회복하실 때 이런 창조물들의 역할도 선하게 복원되지 않을까 조심스레 예측을 해본다. ❖

물을 '물로 보면'
안 되는 이유

나를 믿는 자는 성경 기록이 말한 것 같이 그의 배에서 생수의 강들이 흘러나오리라, 하시니라. (요 7:38)

 사진을 촬영하다 보면 주변에 하찮게 보이는 것도 소중하고 아름다운 소재가 된다. 눈에 잘 띄지 않는 거미줄 한 가닥, 이슬 한 방울도 예사롭지 않은 요즘이다.

 햇볕이 뜨겁게 내리쬐는 여름철 한낮, 거실에서 물방울을 한번 촬영해 보고 싶었다. 그래서 과학실험기구 대리점에서 구입한 프리즘으로 햇빛을 통과시켜 생긴 무지개가 하얀 도화지 위에 반사되도록 하였다. 그 도화지를 배경으로 산모에게 사용했던 무통장치 도관(카테터)을 배치하고 주사기를 통해 도관 끝에서 한 방울씩 천천히 떨어지게 하면서 고속으로 촬영해 보았다.

 그러자 물을 만드신 주님의 솜씨에 감탄! '표면장력'이라는 특성과 무지개 칼라가 만나 이처럼 영롱한 구슬 보석으로 변신하게 된 것이다(사진 참조).

▌마이크로렌즈로 촬영한 물방울

약 500억 개의 분자로 이루어진 물방울… 인간의 기술로는 단 한 개의 분자도 만들 수 없으므로 값없이 주신 주님의 크신 능력을 다시 한 번 깨닫게 되었다.

먼저 물은 누구나 아는 것처럼 섭씨 0°C에서 얼고, 100°C가 되면 끓는다. 하지만 원소 주기율표에서 같은 산소족 원소들의 특성에 따르자면 본래 물은 −110°C에서 얼고 −80°C 정도에서 끓어야 한다. 그런데 놀랍게도 물은 상온에서 액체로 존재한다는 것이다! 바로 물 분자가 하나로 존재하지 않고 5개(오각수) 혹은 6개(육각수)의 분자가 서로 손을 잡아 분자가 커졌기 때문이다. 이는 물에 대한 연구로 세계적인 명성을 지닌 전무식 박사를 포함한 여러 학자들의 공통된 의견이다. 참고로 몸에 좋은 물은 육각수인데 냉장고에 저장된 시원한 물에 풍부하다고 한다.

또한 어느 물질이든지 고체가 되면 밀도가 증가하지만 물은 액체로 있을 때, 특히 4°C에 가장 밀도가 커서 위에서부터 아래로 얼기 시작한다. 물이 호수 바닥에서부터 얼기 시작했다면 호수나 강 전체가 얼음으로 변해 물고기는 이미 멸종되었을지도 모른다.

그리고 물은 비열, 즉 물질 1g을 1℃ 올리는 데 드는 열량(cal)이 높다. 비열이 낮은 금속은 쉽게 뜨거워지고 급히 식어버리지만, 지구는 비열이 높은 물(바다)이 70%를 차지하기 때문에 기온이 적당히 조절되는 것이다. 이런 이유로 물이 많은 지중해 연안이 사계절 기온차가 크지 않아 사람이 살기에 좋지만 물이 없는 사막이나 화성, 달 같은 곳은 낮에는 덥고 밤에는 추워 극심한 일교차를 보이는 것이다.

진화론자들은 진화의 증거로 여러 행성*에서 물 흔적을 찾는 데 혈안이 되어 있다. 그러나 주님은 온 우주를 통틀어 지구에만 생명체를 만드시고 그에 필요한 물을 주셨기 때문에 이들은 큰돈 들여 헛수고만 하고 있는 중이다.

오래전에 에모토 마사루 박사의 「물은 답을 알고 있다」라는 책을 읽고 큰 감명을 받았는데, 여러 환경에서 물을 얼린 다음 현미경으로 관찰한 것을 기록한 책이다. 유리병에 물을 넣고 워드프로세스로 언어 종류와 관계없이 '사랑합니다.', '감사합니다.', '고맙습니다.' 등의 단어를 출력하여 보여주고 클래식 음악을 들려주었을 때는 아름다운 육각형 모양이 선명하게 드러났다. 그러나 '망할 놈', '죽여 버릴 거야.' '나는 네가 싫어.' 등의 단어와 시끄러운 록 음악에는 육각형 구조가 일그러지고 파괴된 모양을 나타냈다.

인체는 60~70%의 물로 구성되어 있기 때문에 이런 현상이 사람에게도 동일하게 일어난다는 것이다. 이웃에게 축복하는 말을 하면 실제로 그 사람이 복을 받고, 저주하면 눈에 보이지는 않지만 악한 영향을 끼친다는 사실을 이

---

* 과학자(진화론자)들은 최근 화성과 목성의 위성 유로파 등에서 얼음(물)이 발견되자 현재 생명체가 존재하고 있거나 과거에 존재했다는 증거로 이용함

런 실험으로 깨닫게 해주었다고 믿는다.

이와 관련하여 1998년부터 2년간 서울 차병원에서 치료를 받은 불임환자 199명의 사진을 본인들이 모르게 미국·캐나다·호주에 사는 기독교 신자들에게 보내 임신 성공을 위한 기도를 부탁했다. 놀랍게도 기도를 부탁하지 않은 그룹에 비해 두 배 이상의 임신 성공률을 보인 것이다. 한미 의료진들은 이 실험 결과를 뉴욕타임지에 발표했다. 이처럼 멀리 떨어져 있고 전혀 모르는 사람이라도 그를 위해 기도할 때 능력이 나타났다면, 하물며 우리 가족과 이웃을 위한 기도 효과는 더 이상 설명이 필요 없지 않겠는가!

성경에는 때에 맞는 말, 아름다운 말, 상대를 배려하는 말을 하도록 권면하는 내용이 많다. 과학적으로 보면 이 모두가 대부분 물로 구성된 인간을 살리는 말이라고 볼 수 있다. 주님은 우리가 건강하게 살기를 원하시기 때문에 선한 입술의 열매를 거두라고 명령하시는 것이다. 그래서 주님은 다음과 같은 말씀을 하셨을 것이다.

소문을 퍼뜨리는 자의 말들은 상처들과 같아서 배 속의 가장 안쪽 부분들로 내려가느니라. (잠 18:8)

그러나 개역개정판에는, "남의 말 하기를 좋아하는 자의 말은 별식과 같아서 뱃속 깊은 데로 내려가느니라"라고 되어있다. 어떻게 '상처'와 '별식'이 같을 수 있는가! 이렇게 잘못 번역된 성경 때문에 교회에서 남의 흉을 보는 것, 즉 별식(?)을 즐기는 교인들을 과연 책망할 수 있을까? 성경의 단어 하나가 이렇게 중요하기 때문에 바른 세계관으로 정확하게 번역한 성경이 꼭 필요한 것이다.

주님의 재림을 앞두고 연일 크고 작은 사건이 세상을 뒤덮고, 사람들의 정서도 점점 메말라가고 있는 요즘이다. 이럴 때 내 입에서 나오는 말이 남을 살리기도 죽이기도 한다는 사실을 기억하면서, 바람직한 언어생활로 사람과 세상을 살리는 아름다운 이웃이 되어야 하지 않을까. ❖

튀밥장수도 웃을 이야기,
빅뱅이론

평화롭던 시골마을에 갑자기 정적을 깨는 대포(?) 소리가 울리면 집으로 가는 발걸음이 급해진다. 마을 공터에 판을 벌인 튀밥장수 아저씨가 사라지기 전에 작전을 서둘러야 하기 때문이다. 간식거리가 귀하던 시절이지만 인자하신 어머니의 치맛자락을 붙잡고 조르면 흰쌀 한 바가지를 넉넉히 담아 요술쟁이에게 가져가신다.

이제 아저씨는 화력이 센 장작불에 시커먼 기계를 빙빙 돌리다가 뚜껑을 열기 직전 "뻥이요~!" 하며 최후 경고를 한다. 동네 아이들은 얼른 귀를 막고 긴장된 표정으로 폭발 순간을 기다린다. 곧이어 "펑!" 하는 시원하고 우렁찬 소리와 함께 하얀 수증기 속에서 쏟아져 나오는 수많은 튀밥 알갱이들, 그리고 사방에 퍼지는 구수한 냄새며 대포 주변으로 모여드는 아이들…. 지금은 옛적 이야기가 되었지만 그 당시 나에게는 얼마나 호기심을 자극하는 구경거리였는지 모른다.

그런데 튀밥기계 뚜껑을 열었을 때 튀어나가던 알갱이들이 순식간에 서로 뭉쳐져 여러 모양의 튀밥 강정으로 만들어질 수 있을까? 아니면 한쪽 방향으로 원을 그리며 빙빙 돌 수 있을까? 물론 그런 일은 절대로 일어나지 않는다. 튀밥 전문가인 튀밥장수에게 물어도 대답은 동일할 것이다.

■ 추억의 뻥튀기 기계. "뻥이요~" 하는 순간.
어느 가을날 축제장에서 촬영

그러나 그런 일도 가능하다고 끝까지 우기는 믿음 충만한 자들이 있다. 1926년 벨기에 신부 르메트르(G. Lemaitre)와 1948년 소련 천체물리학자 가모프(G. Gamov) 등이 주장한 빅뱅이론(big bang theory)의 신봉자들이다.

약 150(혹은 137)억 년 전에 밀도가 지극히 크고 뜨거운 달걀 크기의 우주(cosmic egg)가 순식간인 10^{-43}초 만에 대폭발을 일으켰단다. 이때 생기는 큰 폭발음이 일명 '빅뱅'으로 후대에 조롱의 의미를 담은 명칭이다.

아무튼 그렇게 터져 나온 것들이 알아서 돌고 뭉쳐져 현재와 같이 질서정연한 우주가 되었다는 것이다. 하지만 이것은 단 한 번도 어긋난 적이 없는 '열역학 제2법칙', 즉 모든 것은 시간이 지날수록 무질서(엔트로피)가 증가한다는 법칙에 위배된다.

물이 들어있는 유리컵에 잉크 한 방울을 떨어뜨리면 물 분자들의 브라운 운동으로 컵 전체가 파랗게 변할 것이다. 아무리 많은 시간이 지나도 파란 물이 다시 맑아지고 잉크는 진한 한 방울로 되돌아오지 않는 당연한 법칙이다. 현재 태양의 크기가 조금씩 줄어들고 달이 지구에서 점차 멀어지는 것도 이 법칙에 해당된다.

이미 알려졌듯이 지구에서 태양까지의 거리가 10%만 가깝거나 멀어도 모든 생물은 태양열에 타 죽거나 얼어서 죽는다. 지구가 태양의 공전궤도를 원이 아닌 타원형으로 돌면, 역시 극심한 계절별 기온차로 사람이 살 수 없을 것이다. 지구 자전축도 23.5°로 기울어지지 않았다면 전 세계의 경작 면적이 절반으로 감소한다고 한다. 어디 그뿐인가. 달이 지구에서 약간만 멀어져도 조류 운동이 안 일어나 바닷물이 썩게 되고 조금만 가까워도 바닷물이 육지를 덮쳐 많은 피해가 발생할 것이다. 화성과 목성 사이의 무수한 소행성대, 그리고 지구보다 훨씬 큰 목성과 토성이 지구보다 외곽에 위치해 있어 우주에서 날아오는 수많은 운석을 막아주는 방패 역할을 하는데, 이 모든 것이 결코 우연한 대폭발에 의해 생길 수는 없을 것이다.

주님이 만드신 우주 공간에는 지구를 포함한 셀 수 없이 많은 별들이 존재한다. 현재 알려진 바로는 하나의 은하계 안에 별이 약 천억 개, 그리고 우주에 존재하는 은하계도 약 천억 개이다. 따라서 모든 별의 수는 1,000억 × 1,000억 = 10^{22}개 정도로 추측한다. 1에 0이 22개나 붙은 어마어마한 수인데, 놀랍게도 이 세상 바닷가 모래의 숫자와 비슷하다고도 한다.* 이 많은 별

---

* 주님은 이처럼 많은 별들의 개수를 모두 세시고 각각 이름을 부르셨다. 시 147:4; 사 40:26

들이 충돌하지 않고 서로 완벽한 균형을 유지하며 회전하는 현상이 우연이라면 튀밥장수도 코웃음을 치며 한마디 할 것 같다.

"뻥이요~!!"

전지전능한 존재가 아니면 감히 상상조차 할 수 없는 이런 오묘한 우주는 그 설계자가 오직 무한한 능력의 우리 주님뿐임을 증명하고 있는 것이다!

주의 하늘들 곧 주의 손가락으로 지으신 작품과 주께서 정하신 달과 별들을 내가 깊이 생각하오니 (시 8:3)

그분께서 별들의 수효를 세시고 그것들을 다 그것들의 이름대로 부르시는도다. (시 147:4) ❖

쥐덫,
또 다른 쥐를 잡다

어느 날 갑자기 추억이 깃든 물건 하나가 생각나 시내 철물점에 들렀다. 단돈 1,500원을 주고 산 것은 바로 쥐덫. 1960년대 전국 방방곡곡에 쥐가 들끓자 정부에서는 전 국민 쥐잡기 운동을 실시했다. 우리 같은 초등학생에게도 기절초풍할 숙제를 내주었는데 그게 바로 '쥐꼬리 잘라오기'였다.

그 당시 할당량을 채우기 위해 사용하던 쥐덫이 이제는 진화론을 잡는 귀한 도구로 탈바꿈하는 중이다. 집에 와서 자세히 살펴보니 받침대와 먹이를 놓는 둥근 판, 탄력 있는 스프링, 쥐를 꼼짝 못하게 할 두 개의 반원형 금속판, 스프링장치 손잡이, 그리고 고정 핀 등 여섯 가지 정도의 부품으로 만들어져 있었다. 이들 부품 중에서 하나라도 빠지면 전혀 제 기능을 하지 못하는 쇳덩어리에 불과하다는 사실은 세 살짜리 아이도 다 아는 상식!

그러나 진화론자들은 이 쥐덫보다 훨씬 복잡한 생명체가 오랜 시간을 두고 천천히 진화가 되면서 부족하면 부족한 대로 나름의 기능을 해 왔다고 주

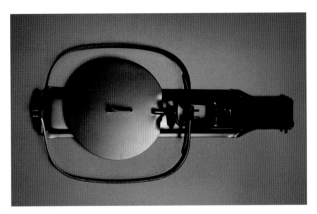

장한다. 과연 그럴까? 만일 진화되는 과정에서 스프링을 제외한 받침대와 먹이를 놓는 둥근 판 등 다른 다섯 가지 부품이 우연히 생겨났다고 하자. 스프링이 없는데 무슨 힘으로 쥐를 잡을 수 있겠는가!

더구나 스프링이 너무 강하거나 약해도 안 되고 가장 알맞은 강도로 저절로 진화되어야 하는데 그럴 확률은 사실상 '제로(0)'이다. 다른 부품도 마찬가지. 결국 쥐덫이 제 기능을 하기 위해서는 어떤 지성을 가진 존재가 쥐를 잡기 위한 제품을 설계한 다음 용도에 맞는 모든 부품을 동시에 만들어 조립할 때만 가능한 것이다.

이처럼 몇 개의 부품으로만 이루어진 쥐덫도 우연히 생겼다고는 상상할 수가 없는데, 약 5만 개의 부품으로 이루어진 자동차나 600만 개의 부품으로 만들어진 보잉747 여객기, 더 나아가 비행기와 비교가 안 되는 수십 억 개의 부품으로 이루어진 인체 세포는 더 이상 말할 필요가 없지 않겠는가. 전자현미경으로 들여다보면 웬만한 도시보다 더 복잡한 세포가 저절로 진화되어 생길 수는 없는 노릇이다. 따라서 60조 개 이상의 많은 세포로 이루어진 사람이 원숭이에서 진화되었다고 주장하는 것은 얼마나 황당한 궤변인가!

그런데도 이런 비상식적인 가설 진화론이 '과학'으로 포장되어 지금도 강제로 주입식 교육이 이루어지고 있다!

우리 시대의 가장 큰 우상은 진화론인 것 같다. 무신론자이지만 세계적 석학이라는 스티븐 호킹(S. Hawking)이나 칼 세이건(C. Sagan), 그리고 리처드 도킨스(R. Dawkins) 같은 사람들의 비논리적인 말에 우리의 젊은 세대가 성경 진리와 신앙에서 멀어지고 있다. 이제 창조의 진리로 무장된 사람들이 힘을 모아 창조 신앙이라는 쥐덫을 설치하자. 그리하여 전 세계에 창궐하여 건전한 세계관을 좀먹는 진화론이라는 해로운 쥐를 박멸해 죽어가는 영혼을 살려야 하지 않겠는가. ❖

속임수 이론들과의
영적 전쟁

야생 코끼리를 온순한 서커스단의 재주꾼으로 만드는 데는 일주일이면 충분하다고 한다.

튼튼한 쇠밧줄로 거대한 코끼리 발목을 묶어 쇠말뚝에 고정해 놓으면 처음 며칠 동안은 벗어나기 위해 안간힘을 쓴다고. 그러다가 날짜가 지날수록 점차 힘을 잃고 절망감에 빠졌다가 일주일째에 접어들면 아예 자포자기해 버린다는 것. 이제 밧줄을 풀어주어도 여전히 묶여있다고 생각해 전혀 도망갈 생각조차 하지 않고 거짓말처럼 순종한다니 동물을 길들이는 방법치고는 너무나 쉬운 것이 아닌가!

사람들도 잘못된 지식에 너무 오래 노출되다 보면 이처럼 길들여진 코끼리마냥 잘못된 패러다임에 묶이고 말 것이다. 정말 지구의 나이는 진화론자들 주장처럼 46억 년일까? 다윈 진화론이 등장하기 전, 우리 신앙의 선배들은 성경대로 6일 창조를 믿었으며 지구의 나이도 (어셔의 연대기에 따라) 약 6천 년

97

으로 보았다.

그러나 19세기에 갑자기 등장한 진화론이 과학으로 자리 잡자 성경학자들도 '간극 이론'이나 '날-시대 이론', 그리고 '유신진화론' 등을 내세워 성경을 진화론에 접목시켰다. 과학으로 인정받는 진화론도 맞는 것 같고, 성경도 맞는 것 같아 이 두 가지를 조합하여 헛된 이론을 주장하게 된 것이다.

그들의 이론을 하나씩 검토해 보자.

먼저 간극 이론(gap theory)이다. '재창조론'이라고도 하는데, 스코틀랜드 신학자 토머스 찰머스(T. Chalmers, 1837~1910) 등이 주장했다. 창세기 1장 1절은 수억 년 전에 이루어진 '원래 창조'이고, 사탄의 반역(이사야 14장, 에스겔 28장)으로 지구가 창세기 1장 2절처럼 혼돈상태가 되었으며, 3절부터는 재창조(recreation)가 이루어졌다는 것이다. 그래서 2절의 'And the earth was without form, and void', 즉 '땅은 형태가 없고 비어 있으며'의 was는 became이 되어야 한다고 주장한다. 그들은 이 부분을 '땅은 형태가 없고 비어 있게 되었으며'로 번역하고 이해하는 것이다.

과거에 이런 이론이 유감스럽게도 옥스퍼드 대학에서 출판된 스코필드 성경에 주석으로 실리게 되었다. 비록 본문은 킹제임스 성경을 바탕으로 한 훌륭한 성경이지만 이 같이 간극 이론을 수록하여 옥에 티를 남겼다.

죽음(사망)은 아담 이전에 있을 수 없고(롬 5:17), 처음 창조의 시작부터 사람을 남자와 여자로 만드셨다는 예수님의 말씀(막 10:6)에도 위배되며, 성경 어디에도 없는 '재창조'라는 단어를 만들어낸 잘못된 이론인 것이다. 그 외에도 킹제임스 성경에는 창세기 1장 1절부터 5절까지 매 절마다 'and'가 있어 첫째 날 창조사역이 계속 연결된 한 주간의 사건임을 정확히 나타내고 있다.

이것은 갑작스럽게 과학으로 떠오른 진화론을 방어하는 차원에서 진화론과 부합되게 하려는 이론이었다. 하지만 이후 발달한 과학은 6일 창조와 젊은 우주의 연대를 지지해 지금은 스코필드 성경 편집자들도 간극 이론을 주석에서 제외시켜 출간하고 있다.

다음은 날-시대 이론(day-age theory)으로 창세기 1장의 날(day)은 하루 24시간이 아니라 수천 년, 혹은 수억 년의 기간을 의미한다는 것이다. 그러나 주님께서는 이스라엘 백성에게 6일 동안 일하고 하루를 안식하라고 하셨는데(출 16:26), 이들의 주장처럼 하루가 천 년을 의미한다고 가정하면 6천 년 동안 일하고 천 년간 쉬어야 한다는 논리적으로 전혀 맞지 않는 이론이다. 주님께서는 인간 생체리듬에 가장 적합한 일주일 단위로 쉬도록 모세 율법 이전인 아담 때부터 본을 보여주셨다(창 2:2). 과거 구소련에서는 생산성을 높이기 위해 휴일을 7일이 아닌 10일에 한 번씩 배치했으나 일의 능률과 효율이 현저히 떨어져 다시 7일로 복귀한 일도 있었다.

마지막으로 로마 가톨릭 등에서 주장하는 유신진화론(theistic evolutionism)이다.* 하나님께서 세상을 창조하셨으나 이후로는 전혀 관여하지 않으시고, 진화(돌연변이와 자연선택 등)라는 과정을 거쳐 지금까지 흘러왔다는 이론이다. 이런 유신진화론도 결국 진화론이며 성경 말씀을 부인하는 잘못된 무신론에 지나지 않는다. 최근 가톨릭 신학자들과 이에 동조하는 개신교의 일부 학자들이 "진화론은 성경과 배치되지 않는다."라고 선언하면서 전 세계 종교를 통합하는 에큐메니컬 운동을 주도하고 있기도 하다.

---

* 초대교회 무렵부터 싹이 튼 유신진화론은 폭넓게 보면 '간극 이론'과 '날-시대 이론'까지 포함한다. 그들이 주장하는 것 중에서 예를 하나 들면, 하나님이 유인원(원숭이·침팬지)에게 생기를 불어넣어 아담과 같은 인류가 탄생했다는 것인데, 최근에는 많은 신학자뿐만 아니라 저명한 크리스천 과학자까지 합세하여 건전한 성경적 창조신앙을 무너뜨리기 위해 총공세를 펼치고 있다.

우리는 지금 '창조냐, 진화냐'라는 대명제를 놓고 속임수 이론들과 영적 전쟁을 치르는 중이다. 유럽에서는 이 전쟁에서 패배한 수많은 젊은이들이 참된 신앙을 버리고 이미 세상으로 떠나버렸다. 그렇지만 우리는 결코 그와 같은 참담한 전철을 밟아서는 안 된다. 이제는 잘못된 패러다임에서 벗어나 바른 성경과 바른 교리, 바른 과학으로 참 진리를 사수하는 용기 있는 청지기로 모두 거듭날 때가 아닐까.

어떤 사람이 철학과 헛된 속임수로 너희를 노략하지 못하도록 조심하라. 그것들은 사람들의 전통과 세상의 유치한 원리들을 따르는 것이요 그리스도를 따르는 것이 아니니라. (골 2:8) ❖

지구는 노안(老顔)이다?
알고 보면 젊은 지구의 나이

지구의 나이는 얼마나 되었을까? 모든 것이 먼지에서 진화되었다고 볼 경우와 창조되었다고 보는 경우는 그 나이를 세는 방식이 완전히 다르므로 추정하는 결과도 극과 극이다.

우리는 물론 주님의 창조를 믿는다. 천지창조는 먼지를 만든 것이 아니라 완성된 만물을 만드신 사건이다. 첫 사람 아담이 만들어진 후 1분, 즉 60초가 경과되었다고 하자. 그는 나이가 만 0살이다. 그러나 주님은 그를 유아가 아닌 성인으로 창조하셨기 때문에 창조 과정을 못 본 자들의 눈에는 이삼십 대의 청년으로 보였을 것이다.

이와 같은 착각이 지구에도 적용된다. 주님께서는 '성인 지구'를 만드셨기 때문에 실제 나이(real age) 약 6천 년과 겉보기 나이(apparent age) 46억 년(?) 사이에 엄청난 차이가 있다.

사실 지구의 모습으로만 보면 46억 년도 이해가 가지 않는다. 4,600억 년

101

의 긴 시간이 지난들 아무것도 없던 곳에서 이런 지구가 생겨날 이유는 없으니까 말이다.

성경을 제외하고 과학적으로만 살펴보아도 지구가 젊다는 증거들은 얼마든지 있는데 그 중에 몇 가지만 소개해 보고자 한다.

대기 속 헬륨의 양 : 헬륨(He)은 우라늄 등의 방사선 원소가 분열할 때 생성되는데 현재 대기중의 헬륨의 양이 극히 적다. 이 방법으로 지구의 나이를 계산하면 약 12,000년 정도가 된다.

화강암 속 방사선 무늬 : 화강암은 석영(백색), 장석(붉은색), 운모(흑색)로 되어 있다. 이중에서 운모의 한 층을 벗겨 현미경으로 보면 방사선 동위원소가 붕괴할 때 알파(α)선이 방출되어 생긴 동심원 무늬가 보인다. 그런데 반감기가 3분 정도인 폴로늄(Po-218)이 세 번 붕괴해 만들어진 이런 무늬는 화강암이 액체인 용암 상태에서 서서히 식었다면 도무지 생길 수 없는 것이다. 이는 지구의 기반암인 화강암은 점진적 과정이 아니라 순식간에 생성되었다는 증거로 볼 수 있다.

지구 자기장의 크기 : 지구는 하나의 거대한 자석으로 해로운 태양광선을 차단하는 등 지구를 보호하는 역할을 해왔다. 그런데 과거 160년간 조사한 결과 1,400년마다 자기장이 절반으로 줄어든다는 사실을 발견하였다. 이는 매우 짧은 반감기를 의미하는 것으로 지구 나이가 2만 년만 되어도 초창기 지구는 엄청난 자기장으로 인한 줄열(joule heat) 때문에 액화 상태가 되어 생명체가 살아남을 수 없었을 것이다. 따라서 자기장의 크기로 지구 나이를 측정하면 약 1만 년 이내가 된다.

지구 자전 속도 : 지금도 태양과 달의 중력으로 자전속도는 느려지고 있다. 만일 지구의 나이가 46억 년이면 현재는 자전이 멈추고 정지해 있어야 한다. 한편 오늘날과 같은 속도로 거슬러 올라가면 46억 년 전에는 자전 속도가 너무 빨라 원심력에 의해 육지는 적도로, 물은 양극으로 밀려나서 육지의 생명이 살 수 없는 타원형이 되었을 것이다.

태양 수축 현상 : 태양의 지름은 100년마다 약 0.1%씩 줄어든다고 한다. 만일 이 비율로 과거에도 줄었다면 불과 2백만 년 전에는 태양과 지구가 닿아 있었다는 엉뚱한 결론에 도달할 수밖에 없다. 이런 현상에 의하면 태양의 나이는 불과 10만 년을 넘지 못한다.

혜성의 붕괴 : 태양 주위를 공전하는 혜성(comets)은 회전할 때마다 질량이 소실된다. 진화론자들의 주장처럼 지구가 오래되었다면 46억 년 전 혜성은 크기가 태양보다 수십 배 컸을 것이므로 오히려 태양이 혜성 주위를 돌아야 하는 모순이 생긴다.

유기물 붕괴 속도 : 유기물은 자연 상태에서 1만 년을 넘길 수 없는데, 진화론자들이 6천 5백만 년 전에 멸종되었다고 하는 공룡 화석에서 아직도 생생한 유기물 조직이 남아 있다.

 지구의 나이는 눈에 보이는 것으로 소설을 쓰는 것이 아니라 과학으로 측정되어야 한다. 진화론자들이 주장하는 많은 증거들은 모두 반박이 가능하고 수정할 수 있는 것들이며, 여러 변수들을 지녔다.

 그밖에도 다른 지질학적 증거들을 살펴보면 볼수록 오랜 지구를 상상할 수 있는 것은 오직 외적인 형태밖에 없다. 오늘 모조품 화석을 만들어도 마치 수만 년이 지난 화석처럼 보이듯이, 지구 전체가 완성품으로 만들어졌기 때문에 단지 오래된 것처럼 보이는 것뿐이다. 그리고 우리가 사는 지구는 아름답고 멋지게 만들어졌다. 주님은 먼지가 아닌 무언가 갖추어진 것을 만드셨기 때문에 그 일을 마치시고 '매우 좋았더라(it was very good)'라고 하신 것이다.

하나님께서 자신이 만든 모든 것을 보시니, 보라, 매우 좋았더라. 그 저녁과 아침이 여섯째 날이더라. (창 1:31) ❖

방사성 탄소 연대 측정법은
만능열쇠인가?

현대식 사우나 시설이 없던 불과 이삼십 년 전의 동네 목욕탕은 요즘과는 사뭇 다른 분위기였다. 전혀 모르는 사람끼리도 흔쾌히 서로 등을 밀어주는 훈훈한 인심도 있었고 한쪽에 있는 한증막에는 사우나 시간 측정을 위한 모래시계도 놓여 있었다. 수건을 머리에 뒤집어쓰고 한증막에 들어가 이 시계가 작동하도록 뒤집어 놓으면 모래가 밑으로 다 떨어질 때까지 뜨거운 열기 속에서 꾹 참고 있어야 했다.

최근에는 요리하면서 시간을 잴 때도 사용하지만 과거에는 항해할 때 배의 속도를 재거나 선원들의 근무시간을 측정하는 도구로도 사용되었다. 선원 중에 모래시계에 열을 가하는 자는 처벌을 받았다고 한다. 모래시계의 유리가 열을 받으면 목이 넓어져 모래가 많이 쏟아지므로 근무시간이 단축되었기 때문이다.

이처럼 시간 측정에 중요하게 쓰이는 모래시계가 만일 다음과 같은 경우가 생긴다면 어떻게 될까?

1. 처음에 얼마나 많은 모래가 들어 있었는지 모름
2. 유리가 깨져 외부에서 불순물이 흘러들어갔거나 안에 있던 모래가 외부로 빠져나옴
3. 좁은 목 부위가 수축되거나 늘어나 떨어지는 속도가 변함

▌현재 상태만으로 과거에 모래시계에 일어났던 일을 모두 다 유추할 수는 없다.
출처 : 「Thousands... Not Billions」 p28

말하자면 무슨 일로 쓰러져 있던 것을 다시 세워놓았다든지 하는 변수가 있다면, 그런 환경에서 제대로 시간을 알 수 있을까?

진화론자들은 우주와 지구, 그리고 그 안의 생명체들이 오랜 시간에 걸쳐 진화했다는 것을 증명하기 위해 방사성 탄소(^{14}C) 연대 측정법을 이용하고 있다. 모든 생물이 죽기 직전까지 섭취하게 되는 방사성 탄소는 죽는 순간 생물체 내에서 붕괴를 시작하는데, 붕괴되는 속도를 측정해서 탄소가 언제부터 축적되기 시작했는지, 그 시작점을 역으로 추적하는 방법이다. 현존하는 최적의 연대 측정법으로 알려져 많은 과학 논문과 다큐멘터리에 인용되고 있다. 그러나 이 측정법도 위의 세 가지 변수에서 자유로워야만 한다. 이 중에서 한 가지 항목이라도 충족되지 않으면 전혀 다른 시간이 산출되어 신뢰할 수 없다.

다시 말해 탄소측정법이라는 시계가 제 구실을 하기 위해서는 그림의 모래

시계처럼 첫째, 기본이 되는 모원소(parent atoms, 윗부분)의 양을 알아야 한다. 둘째, 측정의 대상이 되는 개체에 모원소와 그 모원소가 분해되어 생긴 딸원소(daughter atoms, 아랫부분)의 유출이나 유입이 없어야 한다. 셋째, 동위원소의 붕괴속도(neck, 중간부분)가 일정해야 한다.

그러면 ^{14}C시계의 원리를 살펴보자. '방사성 동위원소'란 양자수가 같아 화학적 성질은 동일하지만 중성자수가 달라 불안정하므로 알파(α)나 베타(β) 입자를 방출하면서 계속 안정된 상태로 변하는 원소를 말한다. 자연적으로 존재하는 방사성 동위원소는 약 70여 가지이며 인공적으로 만들어진 것들도 2천 종이 넘는다.

탄소(C)는 동위원소가 세 종류(^{12}C·^{13}C·^{14}C)가 있는데 그 중에 ^{14}C는 질소(^{14}N)가 우주광선과 충돌할 때 생긴다. 그런 다음 공기 중의 산소(O_2)와 만나 이산화탄소(CO_2)가 되어 살아있는 식물이나 동물에 들어간다. 생물이 죽으면 더 이상 탄소(^{12}C, ^{14}C) 유입은 없고 불안정한 ^{14}C는 5,730년을 반감기로 다시 안정된 ^{14}N로 변환된다. 현재 공기 중의 ^{14}C/^{12}C 비율은 1조 분의 1인데, 과학자들은 현재 죽은 생물에 남아 있는 ^{14}C와 공기 중의 비율(1:1조)을 비교하여 그 연대를 추정하는 것이다. 참고로 ^{14}C는 18번의 반감기를 지나는 약 10만 년(18 × 5,730)이 지나면 검출이 안 되므로 이보다 오래된 생물은 측정할 수 없다.

여러 창조과학자들이 연구해본 결과, 이 측정법은 다음과 같은 문제점이 발견되었고, 진화론자들도 더 이상 이 방법을 전적으로 신뢰하지 않게 되었다.

① 진화론의 연대로 수억 년에서 수백만 년이 되었다는 모든 지층(고생대·중생대·신생대)의 석탄에서 ^{14}C가 발견되었다. 이것은 우리가 볼 땐 당연하지만

그들에게는 충격적인 일로 10만 년만 지나도 남아 있지 않을 ^{14}C가 존재한다는 것은 역으로 석탄이 비교적 최근(약 4,500년 전)의 대격변에 의해 형성되었음을 말해준다.

② 현재 살아 있는 달팽이와 연체동물 껍질이 각각 2만 7천 년과 2,300년으로 나오기도 했으며, 아프리카 다이아몬드는 무려 60억 년으로 지구 나이보다 많게 측정되었다.

③ 노아의 홍수 이전에는 지구 자기장이 지금보다 매우 강했기 때문에 태양광선을 많이 차단하여 그 결과 ^{14}C의 생성도 감소되었을 것이다.

④ 학자들은 자신들의 진화론 이론을 뒷받침하기 위해 이 방법을 사용하는데, 측정 결과 중에서 연대가 너무 짧으면 오염되었다는 핑계로 버리고, 오랜 연대만을 선택적으로 취했다.

그 외에도 과거 노아의 대홍수 때 사라진 생물들로 인해, 이후에 닥친 빙하기나 최근의 핵폭탄 실험 등으로 인해 ^{14}C의 양이 변화되었을 수도 있으므로 이 방법은 모래시계의 세 가지 변수에 골고루 위배되는 방법이라 할 수 있다. 게다가 과거에는 방사성 동위원소 붕괴속도가 매우 빨랐다는 증거들도 발견되었다. 따라서 예상 연대보다 매우 단축될 수 있다.

이처럼 방사성 탄소를 포함하여 다른 방사성 연대 측정법들은 처음부터 가능성이 희박한 가정을 전제로 하기 때문에 과학적이고 합리적인 방법이 아닌 것들이 많다. 산소 동위원소 ^{16}O · ^{17}O · ^{18}O 중 ^{16}O과 ^{18}O의 비율을 이용해 연대를 측정하는 산소 동위원소법도 필요한 데이터만 취하는 방식이 아닌 전체

결과를 종합하면 실제와 많이 달라 오랜 연대를 주장하는 진화론자들의 손을 들어주지 않고 있다.

사람들은 과학자들이 믿을 만한 방법이라고 하면 그런 줄 안다.* 진화론을 믿는다면 더더욱 일말의 의심도 없이 그 연대들을 믿어버릴 것이다. 일단 연대가 길어야 한다고 생각하게 되면, 진실은 더 이상 중요하지 않다. 진화론자들은 이런 방법을 창조신앙을 깨는 무기로 사용해 성경의 연대를 부정하게 만들고, 심지어 교인들까지도 미혹하여 불신앙의 넓은 길로 인도하고 있다.

연대 측정법은 과거로 되돌아 가보지 않고 그 환경의 변수들을 모르는 이상 단 한 가지도 100% 맞는 것은 없다. 오직 성경만이 100%의 정답을 지니고 있고, 과학에 부합되지만 정확한 시간을 증명할 수 없을 뿐이며, 하나님도 허락하시지 않는다. 때가 되면 모든 것이 밝히 드러날 것이다. 진리의 말씀을 붙잡고 신뢰하는 것만이 참된 정답임을 잊지 말자. ❖

---

* 지구의 나이에 관해 성경에서 말하는 6천 년과 과학자들이 말하는 45억 년 사이에 커다란 차이가 있는 것은 그들(과학자)이 '순환논리(circular reasoning)'로 접근하기 때문이다. 예를 들어 지질학자가 지구 나이를 수십억 년 되었다고 믿는 것은 천문학자가 그렇게 믿고 있기 때문이며 천문학자도 역시 지질학자가 믿는 연대를 그대로 받아들여 오랜 연대를 믿게 되는 이론이다. 또 다른 예를 들면, 화석의 나이(연대)를 정할 때에도 그 화석이 발견된 지층의 나이를 통해 계산하고 역으로 지층의 나이는 그 안에 포함된 화석을 이용하는 사고방식이다. 다른 대부분 과학자들이 생각하는 것을 비판 없이 진리로 받아들이는 이런 논리로 인해 과학자들은 잘못된 패러다임에 묶일 수밖에 없고 일반 사람들은 그들의 말을 진리로 받아들이는 것이다.

움직일 수 없는 증거,
성경과 열역학 법칙들

엿새 동안에 주가 하늘과 땅과 바다와 그것들 안에 있는 모든 것을 만들고 일곱째 날에 안식하였느니라. 그러므로 주가 안식일을 복되게 하여 그 날을 거룩하게 하였느니라. (출 20:11)

천장에 매달린 불빛 아래 분주히 움직이는 녹색 가운을 입은 의사와 간호사들, 그리고 주변에 흩어진 수술 기구들과 기계음…. 병원의 수술실이다. 일반인에게는 두렵고 낯선 수술실이 나 같은 마취과 의사에게는 매우 친숙하고 아늑한 공간이다. 이곳에서도 창조주이신 주님은 사물을 통해 내게 여러 가지를 말씀하신다.

수술할 때 시야를 비추는 무영등(無影燈) 불빛은 어느 발전소에서 만든 전기가 전선을 통해 오는 도중 일부는 마찰로 인해 열로 변하고, 일부가 이곳까지 도달했을 테지만 처음 에너지의 총량은 변함이 없을 것이다. 이것을 한마디로 '열역학 제1법칙' 또는 '질량 보존의 법칙'이라 한다.

또한 수술실에서 바쁘게 마취과 업무를 수행하다 보면 조금 전에 간호사가 가져다준 따끈한 차가 식어버릴 때도 있다. 시간이 지나면 이처럼 찻잔의 열기가 사라지고 어떤 새로운 물건이라도 낡아지는 현상을 빅뱅 이론에서도 설명한 '열역학 제2법칙' 또는 '엔트로피(무질서) 증가의 법칙'이라 한다.

과학의 기초인 이 법칙들은 1850년에 발견되어 수천 번의 실험에서 검증되었고, 단 한 번도 예외가 없었다. 성경에는 여러 가지 과학적 사실들이 등장하는데, 공기의 무게(욥 28:25), 대기의 순환(전 1:6), 운석의 출현(수 10:11), 광통신(욥 38:35), 오로라(욥 37:22), 방사성 물질(겔 28:14), 전염병 격리(레위기 13~14장) 등이 그것이다. 그리고 열역학 법칙들도 여러 번 언급되고 있다.

열역학(thermodynamics)이란 그리스어 열(heat)을 뜻하는 therme과 힘(에너지)을 뜻하는 dynamis의 합성어로 열을 포함한 힘 또는 에너지를 연구하는 학문이다. 이것은 네 종류로 0, 1, 2, 3법칙이 있지만 우리 주변에서 흔히 관찰하거나 경험할 수 있는 제1, 제2법칙을 중심으로 살펴보고자 한다.

발전소의 전기를 예로 든 열역학 제1법칙은 우주 전체에 적용할 수 있는데, 우주의 모든 물질과 에너지의 총량은 결코 새로 더해지거나 소멸되는 일이 없이 항상 일정하며 다만 형태만 바뀔 뿐임을 의미한다. 그래서 '에너지 불변의 법칙'이라고도 하는데, 이것은 결국 처음 누군가 에너지를 만든 존재가 있음을 뜻하는 것이다. 성경도 창세기 1장 1절과 함께 이 법칙에 대해 말씀한다.

이같이 하늘들과 땅과 그것들의 모든 군대가 완성 되니라. 일곱째 날에 하나님께서 친히 만든 자신의 일을 마치시고 친히 만든 자신의 모든 일에서 떠나 일곱째 날에 안식하시니라. (창 2:1~2)

…그 안의 모든 것과 바다들과 그 안의 모든 것을 지으시고 그것들을 다 보존하시오매… (느 9:6)

이처럼 하나님이 무(無, nihility)에서 유(有, being), 즉 물질(혹은 에너지)을 창조하시고 보존하신다는 말씀은 열역학 제1법칙으로 만물을 운행하신다는 뜻이다.

식어가는 차를 예로 든 열역학 제2법칙은 우주 만물이 시간이 지나면 무질서가 증가하는 것으로, 바꾸어 말하면 사용할 수 있는 에너지가 점차 감소하는 법칙이다. 이것도 성경 여러 군데 언급되어 있다.

…하늘들이 연기같이 사라지고 땅이 옷같이 해어지며… (사 51:6)

하늘과 땅은 없어지겠으나… (마 24:35)

모든 육체는 풀과 같고 사람의 모든 영광은 풀의 꽃과 같으니라. 풀은 마르고 그것의 꽃은 떨어지되 (벧전 1:24)

그런데 진화론자들은 시간이 지나면 질서도와 복잡성이 증가해서 수소원자에서 사람까지 진화되었다고 주장한다. 자신들도 인정하는 근본적인 과학법칙(열역학 제2법칙)에 정면으로 배치되는 한낱 가설을 어찌 과학이라 부를 수 있다는 것인가! 잠시 동안 식물이 햇빛과 공기, 물을 흡수하여 성장하거나 사람이 벽돌로 건물을 짓는 것 등은 열역학 제2법칙을 거스르고 중단시키는 것처럼 보이지만 이것도 한시적이다. 식물이 태양 에너지로 성장하는 것을 진화의 한 과정으로 주장한다면 이는 어불성설이다. 화무십일홍(花無十日紅)이라는 말도 있듯이 어차피 시들지 않는가. 식물에게는 태양 에너지를 이용하기 위한 특별한 지적 설계와 에너지 역류 장치가 있어서 가능한 것뿐, 에너지 자체가 늘어나거나 강해지는 것은 아니다.

불변의 열역학 법칙이 성경 곳곳에 기록되어 있다는 사실로 미루어 보아 주님이 이 법칙을 세우셨음을 알 수 있다. 우리는 이제 소년 다윗처럼 열역학 법칙이라는 무릿매*로 주님의 말씀을 대적하는 진화론이라는 골리앗을 능히 물리치길 기대해본다. ❖

---

* 끈에 돌을 달아 원심력을 이용해 던지는 무기. '물맷돌'은 단지 팔을 휘둘러 던지는 돌 또는 투석하는 장치를 일컫는 말이고, '물매'는 곡식을 가는 돌 자체를 뜻하는 말임

인간보다 먼저 창조된 천연 공기정화기

하루 종일 수술실에서 붉은색(피)을 주로 보며 일하다가 퇴근하면 지친 심신의 피로를 풀어주는 회복제가 변함없이 놓여 있다. 거실에 아담하게 자리 잡고 있는 고무나무며 서양란의 녹색 잎사귀를 부드럽게 만지거나 보고 있노라면 스트레스가 풀리고 기분이 상쾌해진다.

색채 전문가에 따르면 실제로 노란색은 신진대사를 촉진시키고, 빨간색은 긴장과 흥분을, 녹색은 마음을 편하게 해주어 뇌파검사에서 알파(α)파가 높게 나온다고 한다. 그래서 다양한 색깔로 증상을 다스리는 색채치료(color therapy)라는 분야도 등장했다. 보통 거실이나 사무실에 놓인 몇 그루 실내식물이 상쾌함과 편안함을 줄 뿐 아니라 각종 해로운 휘발성 물질을 제거해 공기를 정화시키는데 이런 식물을 공기정화식물(air filtering plants) 혹은 에코플랜트(eco-plant)라고 한다.

에코플랜트는 매스컴을 통해 잘 알려진 새집증후군과 빌딩증후군의 피해를 줄여주기 때문에 사람들의 관심을 끌고 있다. 그런데 대부분의 사람들은 공기오염 물질이 건축자재에서만 생기는 것으로 알고 있지만 인체에서도 150여 가지 휘발성물질이 발산된다. 예를 들면 일산화탄소·수소·메테인·알코올·페놀·암모니아·황화수소·인돌·메르캅탄 등이며, 이런 물질을 생체배기(bioeffluent)라 한다. 현대인들은 집이나 사무실, 학교, 차량 등 밀폐된 실내에서 많은 시간을 보내기 때문에 이런 생체배기로 인한 실내 공기오염이 실외보다 많게는 10배 이상인 곳도 있다.

만물의 주인이신 하나님께서는 이런 문제를 해결할 수 있는 다양한 식물을 창조해 놓으셨다(창 1:11~12). 식물은 광합성을 통해 식량과 산소를 공급하고, 증산작용을 통해 실내 습도를 조절한다. 또한 여러 화학물질을 분비해 스스로를 보호하면서 사람에게 중요한 약품을 공급해준다. 각종 실내오염 물질도 잎에 있는 기공을 통해 흡수하고 뿌리까지 전달하면 뿌리 근처 땅속의 미생물이 분해시킨다.

대표적인 에코플랜트는 관음죽이나 대나무야자·고무나무·벤자민·행운목·싱고니움·산세비에리아·게발선인장·맥문동·알로에베라·시클라멘·튤립 등이 있다. 그 외에도 식물 가꾸기를 통해 환자의 건강을 유지하는 원예치료는 식물을 돌보며 신체적, 정신적, 영적 치유, 즉 전인적 치료를 할 수 있는 대체요법으로, 미술이나 음악·동물·향기치료 등과 구별되는 효과적인 치료법이라 할 수 있겠다.

이렇게 식물이라는 저렴하면서도 효과적인 천연 공기청정기, 스트레스에 노출된 심신을 회복시켜주는 주님의 고마운 선물이 있음에 감사드린다. ❖

3

노아의 대홍수,
온 세상 가득한 증거

너는 모든 육체의 살아 있는 것 중에서
종류마다 두 마리씩 방주로 데리고 들어와
너와 함께 그것들이 살아남게 할지니
그것들은 수컷과 암컷이어야 하리라.
날짐승이 그것들의 종류대로,
가축이 그것들의 종류대로,
땅의 기는 모든 것이 그것의 종류대로
종류마다 두 마리씩 네게로 나아오리니
그것들을 살아남게 하라.

(창 6:19~20)

빙하기는
미스터리로 남은 시대일까?

지구 표면이 과거에 약 50% 정도 얼음에 잠겼던 시대! 우리와 별 상관없는 머나먼 과거로 단지 덩치 큰 공룡이나 매머드를 멸종시킨 맹추위의 시대로만 떠올려지는 '빙하기'는 정말 있었을까? 막연하기만 하다. 특히 빙하기의 기원은 동일과정설을 믿는 진화론자들을 매우 당황스럽게 만들고 있다. 약 100년 전인 1912년 4월에 타이타닉 호를 가라앉게 했던 빙하는 놀랍게도 노아의 홍수와 직접 관련이 있다는 사실이다. 성경적으로 빙하시대라 할 수 있는 갑작스러운 추위는 대홍수 이후에 찾아왔으므로 진화론자들의 주장처럼 수백만 년 전이 아니고 불과 수천 년 정도밖에 안 되었을 것이다. 이제 그 비밀들을 하나씩 풀어보기로 한다.

보통 빙하(氷河, glacier)는 바다에 떠있기 때문에 바닷물이 얼어붙은 것이라고 생각하기 쉽지만, 사실 빙하는 공기 중의 수증기가 얼어 눈으로 내린 다음 계속 쌓여 생긴 밀도 높은 얼음이다. 거대하고 단단해진 빙하가 이동하면서 침식된 지형은 긁힌 자국(glacial striation)이나 U자형의 깊은 계곡 등을 형성한다. 그런데 빙하는 많은 물이 증발한 다음 기온이 내려가 눈으로 변해 내리고 이듬해 여름까지도 녹지 않아야 하므로 반드시 다음과 같은 3가지 생성조건*이 필요하다고 한다.

① 낮은 기온(cold temperature)
② 뜨거운 바다(hot ocean)
③ 시원한 여름(cool summer)

이중에서 가장 중요한 조건은 ②와 ③인데 이 두 가지는 서로 상반되는 조건이므로 평상시에는 일어날 수 없다. 결국 이 세 가지를 모두 만족시켰던 때는 역사적으로 오직 노아의 홍수 사건 직후뿐이며 이들을 상세히 설명하면 다음과 같다.

첫째, 그 당시 지구 전체에서 깊음의 샘들에서 나온 뜨거운 용암 외에도 지각판이 부딪칠 때 발생한 마찰열로 바닷물의 온도가 상승하여 약 1년간 오늘날보다 약 3배 이상 증발을 많이 했을 것이다. 둘째, 화산 폭발로 인한 화산재가 수년간 햇볕을 차단한 결과, 기온 저하로 극지방에 많은 눈이 내렸을 것이다. 셋째, 내린 눈이 여름이 되어도 녹지 않고 계속 쌓이게 되었을 것이다. 따라서 대홍수 이후 이런 세 가지 조건이 충족되어 단 한 번 있었던 빙하기는 약 500년 간 지속되었고, 약 200년의 해빙기가 있었을 것으로 추정한다.

세 가지 생성조건에 합당한 빙하기가 한 번 오기도 힘들기 때문에 여러 번이라고 볼 이유는 없고 한 번 생긴 빙하도 지금까지 계속 녹아내리는 중이다.

---

* 미국의 창조과학자 허버트 박사(J. Hebert Ph.D.)는 쉽게 기억할 수 있도록 두문자어(頭文字語, acronym) 'HEAT(열)'를 사용하여 빙하가 형성되는 조건을 다음과 같이 4가지 제시함 – Hot oceans(뜨거운 바다), Evaporation(증발), Aerosols(연무질), Time(시간)

진화론자들이 주장하는 바 유일한 빙하 생성 조건인 '추운 날씨'는 공기중의 습도가 낮기 때문에 오히려 눈이 적게 내려 빙하가 만들어질 수 없을 것이다. 2015년 11월 뉴질랜드 남섬에 있는 프란츠 요

■ 빙하가 후퇴하면서 남긴 피터 연못

셉 빙하(Franz Josef glacier, 길이 약 12km)를 탐험할 기회가 있었다.

아침 일찍 20분 정도 빙하 정상까지 헬기로 왕복한 다음 가장 인기 있는 코스를 약 40분 동안 빙하 근처까지 걸었다. 길바닥은 온통 변성암 일종인 편마암 자갈로 되어있고, 빙하가 녹은 우유빛 물줄기를 따라 역암과 사암 퇴적 층리뿐만 아니라 빙퇴석, 호수, U자 계곡 등 빙하의 증거들이 많이 있었다.

주차장으로 돌아온 후 아쉬운 마음에 다시 피터 연못(Peter's pool)이라는 짧은 코스를 선택하여 트래킹했다. 몇 분 걸어가니 안내문과 함께 빙하 반영이 잘 나오는 작은 연못이 나타났다. 한때는 이곳까지 빙하가 수 백 미터 두께로 존재했던 곳인데, 1894년 그 당시 아홉 살인 피터 웨스트랜드라는 소년이 이 지역을 탐험하기 위해 연못 근처에서 캠핑을 했기 때문에 이 소년의 이름이 붙었다.

프란츠 요셉 빙하가 후퇴하면서 커다란 빙하 덩어리를 남겼는데, 엄청난 무게로 인해 홈이 파이고 이것이 녹아 오늘날 이런 연못으로 변한 것이다(사진 참조). 이처럼 한 번 생성된 빙하는 계속 녹아내려 많이 후퇴했지만 오늘날까지 남아 있고, 직접 눈으로 확인하자 설레는 마음을 감출 수 없었다. 아들에게는 번지점프가 최대 관심거리였지만 나에게는 대홍수와 관련된 빙하 지형들을 직접 체험하는 여행이야말로 그 무엇과도 바꿀 수 없는 소중한 경험이었다.

진화론자들은 지금까지 60여 가지의 빙하 생성이론을 통해 오랜 기간에 걸쳐 여러 차례 빙하기가 있었다고 주장해왔지만 대부분 폐기되었다. 최근에는 약 250만 년 전에 빙하기가 시작되었는데 10만 년마다 빙기와 간빙기가 주기적으로 이어졌고, 마지막 빙하는 1만 년 전에 끝났다고 주장한다. 이를 뒷받침하기 위해 소위 '천문학적 빙하시대 이론(astronomical theory of the ice ages)' 혹은 '밀란코비치 메커니즘(Milankovitch mechanism)'을 내세웠다. 즉 지구가 태양을 10만 년 주기로 원 궤도와 타원 궤도를 교대로 공전하여 여러 번 빙하기를 초래했다는 이론인데, 유고슬라비아 기상학자 밀란코비치가 주장하였다. 말하자면 한때는 지구가 화성이나 금성처럼 태양을 똑바로 돌지 않고 타원을 그렸다가 다시 원을 그리기를 10만 년마다 반복했기 때문에 태양과 멀어지는 주기에 빙하기가 닥쳤다는 이야기이다.

그러나 이런 이론에는 두 가지 치명적인 문제점이 있다. 첫째는 지구가 타원 궤도를 돌 때 그 변화 정도가 태양빛의 0.17%에 불과하다는 것이고, 둘째는 태양을 타원과 원으로 번갈아 돌 정도로 지구의 연대가 그리 길지 않다는 것이다. 흥미로운 것은 성경(욥기)에 추위와 연관된 단어들, 즉 우박, 눈, 서리, 얼음, 폭풍 등이 여러 곳에서 언급되고 있는 점이다.

남쪽에서는 <u>회오리바람</u>이 오고 북쪽에서는 <u>추위</u>가 오며 하나님의 숨에 의해 <u>서리</u>가 내리고 물들의 너비가 줄어드느니라. (욥 37:9~10)

그리고 6장 16~17절, 9장 30절, 24장 19절, 38장 29절 등에 빙하를 연상시키는 내용이 나온다. 이처럼 욥과 그 친구들의 이야기, 그리고 하나님께서

121

하신 말씀 중에 빙하시대를 암시하는 것들이 주로 욥기에만 기록되었다는 것은 욥이 빙하시대에 살았음을 강력히 암시하고 있다.** 실제 욥의 나이를 추정해 보아도 약 200세 전후이므로 홍수 이후 바벨탑 사건을 겪은 노아의 후손(창세기 11장)과 아브라함(12장) 사이를 이어주는 인물로 보기도 한다.

진화론자들이 사람과 원숭이의 중간고리라고 말하는 네안데르탈인, 크로마뇽인도 이제는 현대인으로 밝혀졌다. 특히 네안데르탈인은 빙하기 때 오랜 동굴생활로 햇빛 노출이 부족했을 것이고, 그 결과 비타민 D 결핍증상(구루병, rickets) 때문에 특징적으로 체형이 변했을 것이다. 동굴에서 그들은 벽화도 그렸을 것이고 소위 석기시대라고 일컫는 시기에 돌이나 뼈를 이용해 도구를 만들어 열악한 환경에서 힘든 삶을 영위했을 것으로 보인다.

결국 빙하시대도 인류와 우주의 역사기록인 성경을 통해서만 바르게 이해할 수 있다. 그 핵심은 노아의 대홍수 이후 특수한 환경이 도래한 시기에 단한 번 있었다는 것, 그리고 욥기를 통해 욥이라는 실존 인물이 살았던 그 시기가 바로 빙하시대이므로 결국 대홍수와 빙하, 욥의 존재 등이 모두 역사적 사실이었다는 점일 것이다. 성경은 결코 거짓말을 하지 않는다.

〈아이스 에이지〉라는 애니메이션 영화가 있듯이 세상은 자꾸만 빙하시대를 전설처럼 먼 옛날의 이야기로 만들어 지구의 연대를 부풀리기에 급급하다. 그러나 빙하시대는 그리 오래전의 일이 아니며 불가사의한 원인에서 온 것도 아니다. 누구나 풍부한 증거를 얻을 수 있다. 만화영화나 진화론자들의 다큐멘터리에서 해답을 구하지 않고 성경을 믿는다면 말이다. ❖

** 대홍수 이후 극지방(북극·남극)에서 빙하기가 시작되어 점차 범위가 확장되자 사람과 동물은 적도지방으로 이동하였을 것이다. 다시 말하자면, 극지방은 눈이 많이 내려 빙하가 계속 생성되는 반면 적도지방은 강수량이 많고 식물이 잘 자라 맘모스나 공룡같은 거대한 동물이 번식하였을 것으로 생각된다(욥기 40장, 41장). 그러나 바다 수온이 내려가 빙하기가 끝나자 적도지방의 기후가 오늘날처럼 변하여 큰 동물들의 생존에 악영향을 미쳤을 것이다.

밀양 만어산에 즐비한
만어석의 신비

성경대로 믿는 사람은 창세기의 대홍수가 지구상에 남긴 증거들을 직접 눈으로 보고 성경과 일치함을 확인하는 특권을 누릴 수 있다.

어느 쉬는 날 오전, 그 증거를 찾으러 새벽 일찍 경남 밀양으로 차를 몰았다. 처음 가는 곳이지만 들뜬 기분으로 장장 3시간 가까이 달려 도착한 곳이 바로 해발 670m의 만어산(萬魚山) 정상.

힘차게 떠오르는 아침 태양의 기운을 받은 바위들이 산의 이름처럼 마치 고개를 들고 살아 움직이는 수많은 물고기들인 양 신비로운 장관을 연출하고 있었다. 산 정상에서부터 시작된 길이 약 1km, 최대 폭 약 120m의 돌무더기는 천연기념물 528호인데, 전문용어로 암괴류(巖塊流, block stream) 혹은 '돌강'이라 부른다.

신기하게도 작은 돌로 두드리면 서너 개 중에 하나에서 "통~" 하는 맑은 금속성 소리가 난다. 이를 종석(鐘石, bell stone)이라고도 부르는데 무척 재미

■ 만어산에서 촬영한 수많은 돌들

있어서 스마트폰으로 녹음까지 해 보았다. 바위들이 서로 가볍게 얹혀 있기 때문에 이런 맑은 소리가 나고 암석의 성분인 철분·알루미늄·마그네슘 등의 구성 비율에 따라 약간씩 다른 소리가 난다는 사실을 나중에야 알았다. 혹자는 세종대왕 때 이곳 종석을 가져다가 악기로 삼을 생각까지 했다고 한다. 여기서도 어김없이 불교와 관련된 그럴듯한 전설이 내려오고 있다. 용왕의 아들이 물고기 수만 마리를 데리고 와서 부처의 제자가 되었는데 불법(佛法)을 전수하던 어느 날, 큰 난리가 일어나 물고기들이 모두 바위로 변했다는 것이다. 모든 전설은 근거가 있다고 하는데 여기서 말하는 '큰 난리'는 아마도 노아 대홍수를 의미할 것이다.

카메라로 몇 컷을 찍고는 산 주변도 돌아보았다. 역시 예상했던 것처럼 기본 토양인 황토 흙과 전혀 다른 성분의 이런 수많은 화강암(화강섬록암) 바위들이 산자락 곳곳에 산재해 있었다. 이런 바위들은 다른 장소에서 이곳으로 이동했음을 나타내며 지질학 용어로 표이석(漂移石, erratic stone) 혹은 미아석이라 하며 본래 생성된 그 자리에 남아 있는 것은 노두(露頭, outcrop)라고 부른다.

그렇다면 어떤 힘으로 이렇게 커다랗고 무거운 바위들이 운반되었을까? 여기서도 진화론자들은 어김없이 오답을 제시한다. 수천 만 년 전 깊은 지하에서 화강암이 지표로 올라와 오랜 기간 동안 풍화 침식으로 절리가 생기고 핵석(核石)이 만들어진 다음, 경사면을 따라 연간 수 센티미터씩 이동해 형성되었다는 것이다. 그럴듯한 상상에 불과하다. 어떤 학자는 빙하가 남긴 돌이라고 주장한다. 그러나 빙하가 남긴 흔적인 U자 모양의 지형은 물론 빙하와 관련된 다른 어떤 증거도 이 근처에는 없다.

마치 기중기로 하나씩 옮겨다가 얹은 것처럼 커다란 돌들이 다른 돌 위에 가볍게 놓여있으며 놓은 방향도 산의 경사면을 따르고 있는 만어산의 풍경…. 결국 이것도 노아의 홍수라는 대격변으로만 설명이 가능한 이유는 상상 이상으로 막강한 물의 힘 때문이다. 연구에 의하면 직경 1m의 바위가 이동하려면 약 5m의 수심이 필요하다고 하는데, 만어산 바위 중에 큰 것은 길이가 5m는 넘는 것 같다. 그렇다면 산 정상에 적어도 수심 25m의 물이 흘렀다는 이야기인데 역사적으로 이런 엄청난 물이 존재했던 때는 노아시대 외에는 없었다.

어디 여기뿐인가. 설악산과 같은 깊은 계곡이나 여느 강 하류에는 맷돌만한 것부터 10m 이상 되는 것까지, 다양한 표이석들이 산재해 있다. 시원하고 맑은 계곡물과 잘 조화를 이루며 여기저기 놓여있는 둥근 바위들을 보면서, 불교에서 말하는 억겁의 세월을 상상하거나 하는 일은 없어야 할 것이다. 산과 계곡을 찾는 모든 사람들이 겸손한 마음으로, 노아의 대홍수 심판에도 불구하고 이렇게 아름다운 풍광을 허락하신 주님의 솜씨를 마음껏 찬양하고 영광을 돌린다면 얼마나 좋을까! ❖

성경과 과학으로 풀어본
노아의 방주

성경을 부인하는 자들은 물론이고, 심지어 교회에 출석하는 교인들 가운데도 노아의 방주와 대홍수를 그저 신화로 여기는 사람들이 있지만, 예수님께서는 재림과 연결시켜 다음과 같은 말씀을 하셨다.

오직 노아의 날들과 같이 사람의 아들(人子, 예수님)이 오는 것(재림)도 그러하리라. 홍수 이전 시대에 노아가 방주로 들어간 날까지 그들이 먹고 마시고 장가가고 시집가고 하면서 홍수가 나서 그들을 다 쓸어버릴 때까지 알지 못하였나니 사람의 아들이 오는 것(예수님의 재림)도 그러하리라. (마 24:37~39)

성경에서 자세히 기록하고 있는 노아의 대홍수 사건은 과연 사실일까? 방주는 실제로 존재하며 목격자가 있을까?

다음 장에서 화석과 지질학을 통해 대홍수의 격변을 증명하겠지만 여기서는 대홍수가 일어난 원인을 먼저 살펴본 다음 노아의 방주를 과학적으로도 입증이 가능한지 몇 가지 항목으로 나누어 알아보도록 한다.

노아의 때와 같은 타락과 배도의 쓰나미

노아 시대의 사람들은 극도로 타락해 하나님이 전체를 죽이기로 작정하실 정도였다. 대체 얼마나 악하기에 주님은 그토록 극단의 방법을 동원하신 것일까? 다소 생소할 수도 있겠지만 말씀 그대로 이때는 하나님의 아들들(타락한 천사)이 자기들의 처소를 떠나(유 1:6) 사람들의 딸들과 낯선 육체(strange flesh, 유 1:7)를 범해 유전자가 변형된 거인들이 탄생한 시대였다.* 이로써 거룩한 씨를 보존해 메시아를 탄생하게 하려던 주님의 약속(창 3:15)은 위기에 몰려 경건한 의인인 노아와 그의 식구들을 보존하기에 이른 것이다.

이렇게 혼탁한 시대에 의인 노아는 약 120년간 하나님의 의를 선포했지만(창 6:3, 벧후 2:5) 비를 경험하지 못하고 타락한 그들에게 홍수로 지구가 멸망한다는 한 의인의 외침은 극심한 조롱과 비난을 사게 되었을 것이다. 이제 죄악이 절정에 달하자 주님께서는 노아의 식구 8명(노아 부부, 세 아들 셈·함·야벳과 그 아내들)을 제외한 모든 인류, 그리고 방주에 들어가지 못한 코로 호흡하는 짐승과 기는 것, 날짐승을 다 멸하기로 결심하셨다(창 6:1~8).

성경은 주님이 재림하실 때도 노아와 롯의 때와 같다고 하셨는데, 요즘 시

---

* 창세기 6장 4절. 이 부분의 '하나님의 아들들'을 경건한 셋의 후손으로, 해석하는 경우가 많지만 그렇게 추론할 근거는 전혀 없다. 다른 용례와 마찬가지로 구약의 '하나님의 아들들'은 인간이 아닌 천사로 있는 그대로 이해하는 것이 옳다. 경건한 자들의 후손이 네피림 같은 거인, 그것도 남색을 일삼는 악한 자들이 될 이유가 없다. 성경의 천사는 모두 남자이며 인간과 체구와 외형이 비슷해(계 21:17) 구분할 수 없고(히 13:2), 식사도 할 수 있다(창세기 18장). 이들은 천국에서 결혼하지 않으나(막 12:25) 지상에서 사람들의 딸들을 범했다고 분명하게 기록하고 있다.

■ 노아 가족이 지은 방주의 모형 (출처 : www.ryanbryan.com)

대가 바로 그런 것 같다(눅 17:26~30). 동성애를 합법화하고 종교다원주의로 수많은 배도가 일어나지만 사람들은 어쩌면 그리도 무덤덤한지….

어느 목사는 법당에 가서 108배를 올리는가 하면, 여의도에 있는 세계적 대형교회 모 목사는 "내 종교만이 진리라는 생각을 버려야 한다."는 충격적인 말을 서슴없이 했다.

젊은 시절, 예수 그리스도 외에는 구원이 없다고 부르짖었던 부흥사 빌리 그레이엄(B. Graham)은 이제 180도 변하여 "무슬림이나 불교신자, 무신론자, 심지어 예수 그리스도에 대해 들어본 적이 없는 사람들이라 해도 자신 안에 있는 내면의 빛으로 구원 받을 수 있다."고 공개 인터뷰를 한 지 오래이다 (1993). 한 술 더 떠 최근 프란치스코 교황은 "선을 행하면 누구나 구원을 받을 수 있다."라고 했다. 어디 그뿐인가, 「목적이 이끄는 삶」이라는 엄청난 베스트셀러의 저자 릭 워렌(R. Warren)은 "21세기는 종교다원주의에 의해 움직일 것이며 이것만이 세계 평화와 인류 공존의 유일한 길이다."라고 외쳤다. 주예수 그리스도만이 구원의 유일한 길(요 14:6)이라는 하나님의 엄중한 말씀을 헌신짝처럼 버린 것이다.

게다가 노아의 시대처럼 도덕적, 성적 타락이 절정에 달해 하나님의 불 심판이 당장 떨어진다 해도 전혀 이상하지 않을 정도로 세상은 끝을 향해 치닫고 있다. 이런 때에 노아와 같은 의인이 되어 구원의 방주에 빨리 올라타는 것만이 살 길이다. 노아의 때라면 구원받지 못했을 사람이라도 지금은 자신의 죄를 회개하고 예수님을 주인으로 모시는 자는 누구나 구원받아 의인 즉 하나님의 자녀가 되는 놀라운 복을 누릴 수 있는 것이다!

그분께서 이르시되, 받아 주는 때에 내가 네 말을 들었고 구원의 날에 내가 너를 구조하였노라, 하시나니, 보라, 지금이 받아 주시는 때요, 보라, 지금이 구원의 날이로다. (고후 6:2)

방주는 어떻게 제작되었으며 정말 안전한 배일까?

너는 고펠나무로 방주를 짓고 방주 안에 방들을 만들며 역청으로 그것의 안팎을 칠할지니라. 네가 만들 방주의 모양은 이러하니 방주의 길이는 삼백 큐빗이요, 너비는 오십 큐빗이며 높이는 삼십 큐빗이니라. 너는 방주에 창을 만들되 위에서부터 일 큐빗 안에 그것을 완성하고 방주의 문은 방주 옆으로 내며 그것을 아래층 둘째 층 셋째 층으로 만들지니라. (창 6:14~16).

하나님은 방주를 먼저 고펠나무(gopher wood)로 지으라고 하셨는데, 참나무를 가리키는 것으로 보인다. 이 나무는 방수성이 뛰어나고 내구성이 강해 집을 지을 때 대들보용으로 자주 사용되었다. 중국 명나라와 청나라에서는

129

목조선을 건조할 때도 사용되었다고 한다.

하나님은 안팎을 타르와 같은 역청(pitch)으로 칠하라고 하셨다. 성경을 비판하는 회의론자들은 석유나 석탄에서 만들어지는 역청을 노아가 구하지 못해 방수를 할 수 없었을 것이라고 주장하지만 노아는 다음과 같은 두 가지 방법 중에서 역청을 얻었을 것이다.

먼저 역청은 화산암의 일종인 역청암에서 나오는 광물성 기름 찌꺼기로 자연산이다. 옛날에는 성벽을 쌓을 때 습기가 스며들지 못하도록 벽돌과 벽돌 사이 틈을 메우거나 연료로 쓰였다. 최근에도 이라크 바그다드 근처에서 많은 양의 역청이 발견되었다고 하는데, 그 당시 노아가 살던 메소포타미아 지방에도 풍부하게 존재했을 것이다.

또 다른 방법으로 고대로부터 역청을 직접 만들어 사용한 증거들이 있는데 나무에서 송진(resin)을 채취한 다음 나무를 태워 숯을 만든다. 송진을 끓이면서 그 숯가루를 배합하면 다양한 역청이 된다고 한다. 유럽 여러 나라에서는 이런 역청을 만드는 직업이 아직도 성씨에 남아 있다.[**]

방주의 크기는 300(가로) × 50(세로) × 30(높이) 큐빗으로 만들라고 명하셨다. 큐빗은 성인 남자의 팔꿈치에서 셋째 손가락 끝까지의 길이를 말하는데 보통 45cm 정도로 본다. 그 크기를 미터로 환산하면 약 135 × 22.5 × 13.5m 정도이므로 축구경기장보다 길고 농구장 20개, 화물열차 522량의 부피에 해당하는 어마어마한 크기이다.

그밖에도 창은 위에서부터 일 큐빗 안에 만들라고 하셨다. 방주 안의 수많은 동물들이 발산하는 열과 이산화탄소, 기타 해로운 가스를 없애기 위한 환기와 어두운 실내의 조명을 위해 말씀하신 것이다. 비록 창의 크기와 개수에 대한 구체적인 언급은 없지만 창을 통해 환기가 잘 이루어졌을 것이다. 그리

[**] 영국 Pitcher, Tarmen. 폴란드 Smola, Smolander. 독일 : Teerman

고 공간을 효율적으로 사용할 수 있게 3층으로 만들라고 하셨다.

실제로 1883년 5월 만년설로 뒤덮인 아라랏 산의 지진으로 방주가 노출되자 터키 관리인들과 영국 조사위원 한 사람이 방주 안으로 들어가서 조사를 하였다. 그들은 한 층의 높이가 약 4.6m이며 내부는 칸막이로 되어있음을 확인했다. 이를 토대로 3층 방주 높이를 계산해보면 4.6m × 3 = 13.8m로 놀랍게도 실제 높이인 13.5m에 근접한 수치가 나온다.

주님이 이렇게 구체적으로 제작을 지시하신 방주는 과연 튼튼하며 안전한 배인가? 물론 그렇다. 과거 네덜란드나 덴마크에서는 방주보다 크기는 작으나 모양을 그대로 모방해 배를 만들어 사용했는데 성능이 다른 배에 비해 월등히 뛰어났다고 한다.

1992년 국내 해사기술연구소(팀장 : 홍석원 박사)에서 세계 최초로 가장 과학적인 방법을 동원해 방주를 실험하였다. 성경에 기록된 방주의 50분의 1로 축소 제작한 사각형 배를 폭과 높이가 다르게 제작한 12척의 다른 모형 배와 함께 대형수조에서 선박 안전 성능(파랑안전성·구조안정성·복원안정성)을 테스트한 것이다. 그 결과, 예상했던 것처럼 방주 모형의 선박은 30m 높이의 파도에도 뒤집히지 않아 가장 안정성 있는 배라고 평가했다.

방주는 추진 동력이나 방향키도 없이 마치 어린 모세를 담은 갈대 상자(궤, ark)처럼 단순히 떠 있는 기능만 있는 구조물이었다. 그러나 주님의 말씀대로 제작한 이 배는 1년 이상 높은 파도와 거센 풍랑에도 좌초되거나 파손되지 않고 넉넉히 그 안의 생명들을 보존한 것이다.

은혜의 시대 끝자락에 사는 우리도 '방주되신 예수 그리스도' 안에 있을 때만이 곧 다가올 주님의 진노와 심판에서 구출된다는 사실이 우리에게 주는 대홍수 사건의 메시지일 것이다.

종류대로 방주에 탄 짐승들 이야기

너는 모든 육체의 살아 있는 것 중에서 <u>종류마다</u> 두 마리씩 방주로 데리고 들어와 너와 함께 그것들이 살아남게 할지니 그것들은 수컷과 암컷이어야 하리라 날짐승이 그것들의 <u>종류대로</u>, 가축이 그것들의 <u>종류대로</u>, 땅의 기는 모든 것이 그것의 <u>종류대로</u> 종류마다 두 마리씩 네게로 나아오리니 그것들을 살아남게 하라. (창 6:19~20)

노아와 그의 가족들은 주께서 지시하신 재료로 규격에 맞게 견고한 방주를 만들었지만 어떻게 지구상의 수많은 동물을 다 태울 수 있었을까? 비판론자들은 지구상의 모든 동물을 방주에 태우는 것은 불가능하므로 성경이 틀렸다고 주장한다. 사실 대학 시절 예수님을 믿게 된 나도 같은 생각을 한 적이 있었다. 그렇지만 다음과 같은 이유로 충분히 가능했을 것이다.

성경에 기록된 종류(kind)는 오늘날의 종(species)과는 다른 개념으로 본다. 하나님께서 창세기 1장에서도 열 번씩이나 언급하신 '종류'는 '종'보다 넓은 '속(genera)'이나 '과(families)'에 해당된다는 것이다.[***]

예를 들어 개 종류(dog kind)는 늑대·코요테·딩고·애완용 강아지 등과 같은 여러 종(species)을 포함하며 이 종류 안에서 서로 교배가 가능한 것은 물론이다. 또 다른 예로 천 여 종의 참새와 다윈이 연구했던 멧새(핀치새)도 같은 종류로 분류될 수 있어 결국 참새도 14종류로 좁혀지며, 현재 수백종류로 분류해놓은 공룡도 마찬가지일 것이다.[****]

존 우드모라페(J. Woodmorappe) 박사는 약 7년간 1,200여 개의 참고문헌

[***] 생물분류체계는 작은 개념에서 큰 개념 순으로 '종-속-과-목-강-문-계'임

[****] 대홍수 이전 하나로 연결된 대륙을 가로질러 사방에서 모여든 공룡 60여 종류(family)는 한 쌍씩 방주에 들어갔을 것으로 추정

과 수많은 이론을 검토한 후 「노아의 방주 : 그 가능성 연구(Noah's Ark : A Feasibility Study)」라는 책을 펴냈다. 여기서 저자는 지구상의 대부분을 차지하는 어류를 포함한 해양 동물이나 양서류 등 코로 호흡하지 않는 것들은 방주에 실을 필요가 없었기 때문에 실제 방주에 올랐던 파충류(일부)·조류·포유류 등의 동물을 약 8천 종류, 16,000여 마리로 추산했다. 이는 배수량이 약 2만 톤이며 부피가 43,200m³인 방주 공간 3분의 1을 차지하는 데 불과하고, 나머지는 사람과 동물을 위해 식량과 물을 저장했을 것으로 추정했다.

그럼 방주가 물에 떠서 1년 이상 머무는 동안 수많은 동물의 식량을 어떻게 조달했으며 배설물을 어떻게 처리할 수 있었을까? 이에 대한 해결책으로 먼저 생각해 볼 수 있는 것은 동물의 동면(冬眠, hibernation)이다. 방주에 있던 모든 생물과 가축을 기억하신(창 8:1) 주님께서 동물들에게 이런 놀라운 능력을 주셨을 것이다.

동물은 어둡거나 공기가 탁할 때, 그리고 기온이 떨어지거나 과도한 스트레스를 받을 때 대부분 겨울잠을 잔다. 과거에 조류는 이런 능력이 없다고 생각했지만 최근 연구에 의하면 쏙독새 같은 조류도 동면한다는 사실이 새롭게 알려졌다. 다람쥐가 겨울잠을 자면 체온은 $1{\sim}2°C$로, 심장박동 수는 분당 350회에서 $2{\sim}4$회로 현저히 감소한다. 특히 북극 지방의 다람쥐는 8개월간의 긴 겨울 동안 체온이 영하 $3°C$까지 떨어져도 혈액이 얼지 않은 채 동면을 취한다고 한다. 곰도 가을에 충분히 저장해놓은 피하지방이 잠을 유도하는 동시에 에너지가 되어 3개월 동안 먹거나 마시지도 않고 긴 겨울잠에 빠진다.

이처럼 주님은 동물의 겨울잠을 통해 노아 식구들의 부족한 일손을 줄여주셨을 것이다. 한편 우드모라페 박사에 의하면, 설령 동면을 하지 않았다고 가정해도 일주일에 6일 동안, 하루에 10시간씩, 8명이 일을 하면 16,000여 마리의 동물을 충분히 보살필 수 있다고 한다.

또한 방주의 한 층 높이가 대략 4.5m라면 10m가 넘는 브라키오사우루스 같은 거대한 공룡이 탈 수 없었을 것이라고도 주장하지만 새끼를 선택하면 문제는 쉽게 해결된다.***** 이렇게 주님은 놀라운 은혜로 방주 안의 노아 가족 8명 뿐 아니라 지금도 풀리지 않는 수수께끼인 동면을 통해 모든 종류의 동물을 보호하셨을 것이다. 대홍수 후에 방주에서 나온 생명체들은 다산과 번성을 통해 다시 온 땅을 채워 오늘날에 이른 것이다(창 9:7). ❖

***** 사람도 10대에 급성장기(growth spurt)가 있는 것처럼 주님께서는 공룡도 그런 시기가 나타나기 약 1년 전, 키가 작은 공룡들을 선택하셨을 것이고 이들이 방주에서 1년을 보내고 나오자마자 생식능력이 있는 공룡으로 성장하여 번식하였을 것으로 예상할 수 있다.

과학과 성경으로 관찰하는
대홍수의 실제 증거들

홍수 발생의 두 가지 메커니즘

노아의 여덟 식구와 각종 동물이 방주로 들어간 후 일주일간 주님만이 아시는 폭풍 전야의 고요함이 있었다. 드디어 노아의 나이 600세 되던 해 2월 17일에 두 가지 사건이 발생하면서 대홍수가 엄습해 왔다. 먼저 큰 깊음의 모든 샘들이 터지고 그 연쇄반응으로 하늘의 창들이 열려 40일 주야로 비가 내린 것이다.

노아의 생애에서 육백째 해 둘째 달 곧 그 달 십칠일 바로 그 날에 <u>큰 깊음의 모든 샘들</u>이 터지고 <u>하늘의 창들</u>이 열리며 비가 <u>밤낮으로 사십 일 동안</u> 땅 위에 쏟아졌더라. (창 7:11~12)

여기서 큰 깊음, 즉 대양(ocean)의 모든[*] 샘이 터졌다는 것은 해양 지각을 뚫고

---

* 개역한글·개역개정판 성경에는 '모든'이 없음. 비록 성경에 기록되지는 않았지만 수성과 금성, 화성, 달 표면에 있는 커다란 운석흔들(meteolite creaters)이 지구에도 많은 이유는 아마도 태양계가 소행성대(astroid belt)를 통과할 때 지구에 운석들이 날아왔기 때문이며 이로 인해 대양의 모든 샘이 터졌을 것으로 추측함.

엄청난 양의 지하수와 용암, 화산재가 분출되었음을 뜻한다. 이어서 바닷물이 육지를 침범하고 거대한 해일(쓰나미)이 발생하여 방주는 남쪽 페르시아 만 해안이 아닌 북쪽 내륙 아라랏 산 쪽으로 거슬러 이동하게 된 것이다(창 8:4).

인공 강우를 만들기 위해서는 비행기에서 응결핵(응축액)을 뿌린다. 이처럼 화산재가 상승기류를 타고 성층권 높이까지 올라가 하늘의 창(수증기층)이 응결되어 오랫동안 비가 내렸을 것이다.

그럼 하늘의 창은 무엇을 말하는가? 주님께서 천지창조 사역 둘째 날 물 한가운데 궁창**을 두어 궁창 위의 물과 아래의 물로 나누셨다(창 1:6~7). 궁창 아래의 물은 현재 강이나 바다에 존재하는 물, 궁창 위의 물은 지구를 둘러싼 투명한 기체인 수증기 층으로 본다. 궁창 위의 물이 액체나 고체 상태로 있으면 지구 중력 때문에 존재할 수 없겠지만 가벼운 기체 상태이므로 지구 전체를 감쌀 수 있었을 것이다.

가끔 습도가 높은 날 아내의 부탁으로 옷장이 있는 방에 제습기를 몇 시간 가동시킨 다음 물탱크에 고인 물을 보면 깜짝 놀랄 때가 있다. 비록 눈에는 보이지 않지만 공기 중에 기체 상태로 생각보다 많은 물이 존재함을 간접적으로 알게 된다.

또한 이 궁창 위의 물, 즉 하늘의 창은 해로운 고주파 광선(자외선, X선, 감마선 등)을 막고 이로운 저주파(열선 등)를 흡수하여 생물의 노화를 방지하고, 지구 전체를 온화한 아열대 기후로 만들었을 것이다.

물들이 불어서 십오 큐빗 위로 오르매 산들이 덮이고 (창 7:20)

깊음의 샘과 하늘의 창에서 쏟아져 나온 물이 모든 산을 다 덮고, 방주는

** 우리가 숨쉬는 대기권으로 첫째 하늘이다. 둘째 하늘은 우주, 셋째 하늘은 주님의 왕좌가 있는 곳

15큐빗까지 차올랐다. 방주 높이가 30큐빗이므로 방주가 반쯤 잠기게 주님은 흘수선***을 조절하신 것 같다(창 7:19~20). 이는 방주 안정성에 큰 도움이 되는 것으로 탑승자 수와 무게를 미리 아신 하나님의 완전한 방주 설계 의도를 알 수 있는 부분이다. 이후 150일 동안 땅 위에 물이 넘치게 하심으로 코로 호흡하는 모든 생명을 멸절시켜 죄로 오염된 세상을 심판하신 것이다.

진화론자들은 노아의 홍수 비슷한 것이 있었다 해도 전 지구적인 홍수가 아니고 메소포타미아에 국한된 지역적인 것이었다고 그 의미를 축소해 왔다. 그들이 대홍수를 인정하면 온 세상의 화석들과 지층의 비밀이 다 풀려 수십억 년이라는 긴 지질연대를 지지하는 진화론의 근간이 송두리째 무너지기 때문이다.

그들의 주장처럼 홍수가 지역적이었다면 성경과 배치되는 문제점이 한두 가지가 아니다. 첫째, 노아가 120년이란 오랜 기간 동안 거대한 방주를 제작할 필요가 없었을 것이다. 소돔과 고모라를 피해 인근 지역으로 도피한 롯의 가족처럼 홍수가 없는 먼 곳으로 피신하면 될 일이다.

둘째, 하나님께서는 다시는 물로 심판하지 않으시겠다는 증표로 무지개를 구름 속에 두셨는데(창 9:13~16), 지금도 지역적 홍수가 있으므로 하나님은 거짓말쟁이가 될 수밖에 없다.

셋째, 새들은 구태여 방주에 탈 필요 없이 멀리 날아가면 되었을 것이다. 그 외에도 하나님이 홍수로 노아의 가족을 제외한 모든 인류의 죄를 심판하시기 위해 홍수를 보내셨는데 지역적인 홍수라면 다른 지역 사람들은 심판을 받지 않는 모순이 생긴다.

이제 주님은 지구 전체를 잠기게 했던 그 많은 물의 일부를 남극과 북극의 빙하로 만드시고, 산은 높이 올리고 골짜기는 깊게 만드는 소위 조산(造山),

---

*** 선박이 물에 잠기는 부분. 이 부분을 조절하기 위해 대형 선박에는 물을 채우기도 한다.

조륙(造陸) 운동을 통해 땅에서 물이 줄어들게 하셨다(시 104:6~8). 그 결과 지구 환경은 완전히 바뀌어 오늘날처럼 되었지만 사람이 다시 거하게 하시고(창 8:22) 처음으로 육식을 허용하시며(창 9:3) 아담과 하와에게 주셨던 복(다산, 번성, 다스림)을 노아와 그 식구들에게도 주셨다(창 8:17, 9:7).

이와 같이 노아의 대홍수는 두 가지 기전, 즉 큰 깊음의 모든 샘들과 하늘의 창들이 열림으로 가능했던 전 지구적 격변이었다.

물을 도운 불, 화산 폭발의 위력

이번에는 노아의 대홍수를 일으킨 두 가지 기전 중에서 '큰 깊음의 모든 샘들'에 관한 이야기이다. 하늘에서 내리는 비도 엄청났겠지만 대격변에 더 강력하게 작용한 메커니즘은 '큰 깊음의 모든 샘'이 터지는 현상이었을 것이다. 이는 지구의 '모든' 화산이 동시에 폭발하는 것을 말하는데, 그 위력이 얼마나 컸을지 역사적으로 발생한 몇 가지 화산 폭발을 통해 유추해보고자 한다.

첫째, 백두산 화산은 약 천 년 전 크게 폭발하여 편서풍을 타고 동해를 건너 일본까지 화산재가 날아갔다. 지난 2010년 유럽 항공대란을 낳은 아이슬란드 화산보다 약 천 배나 강하다고 알려진 이 슈퍼 화산은 우리 민족이 세웠던 발해 멸망과 직접 관련이 있는 것으로 추정된다. 최근에 여러 가지 폭발 징조가 감지되고 있는데, 이 화산이 폭발하면 천지에 담긴 20억 톤의 물과 대량의 용암, 화산재가 북한과 우리나라, 일본에 끼칠 그 피해는 상상하기 어려울 정도로 클 것이다.

둘째로 약 10년 전 성지순례 여행 중에 방문했던, 폼페이를 폐허로 만든 베수비오 화산이다. 우리를 태운 버스가 폼페이 유적지 근처로 접어들자 멀리 베수비오 산이 보였다. 녹색 물결이 춤을 추고 각종 과일나무가 풍부한 이곳

❚ 성지순례 길에 만난 베수비오 화산의 모습

산자락은 20cm 정도의 두께로 덮여 토지를 비옥하게 만든 화산재 덕분에 최고의 포도주 생산지로 유명하다.

지금도 유럽의 유일한 활화산인 이곳은 AD 79년 8월 24일 한여름에 폭발하여 오전 10시부터 3시간 동안 6m 깊이로 폼페이와 스카비아이 도시를 화산재로 덮었고, 흘러내린 저탁류는 헤르쿨라네움 도시를 습격했다. 당시 2천여 명이 희생된 뒤 역사에서 사라진 폼페이는 1748년부터 발굴 작업이 시작되어 지금도 진행 중이다. 이 화산 하나의 폭발력은 자그마치 히로시마 원자폭탄 10만 개와 맞먹는다고 한다.

셋째로 비교적 최근에 진화론을 지지하는 수많은 지질학자들에게 하나님께서 직접 눈으로 확인시켜 준 화산 폭발이 있었다. 1980년 5월 18일, 우리나라에서는 부당한 권력에 대한 분노의 폭발로 기억될 광주민주화운동이 일어난 바로 그 날 아침 8시 32분, 미국 서부 세인트 헬렌 화산의 폭발이 일어났다. 히로시마 원자폭탄 2만 개 정도의 위력을 지닌 이 폭발로 불과 5시간 만에 7m 정도 퇴적층이 만들어졌다. 진화론자들은 지층이 30cm 쌓이는 데 약 5천 년이 걸린다고 계산하고 있으니 그 엄청난 고무줄 연대가 보기 좋게 드러난 것이다. 이 화산은 분출 후 5개월이 지나 스텝캐니언과 루이트캐니언이라는 두 협곡을 만들어버렸다. 그래서 지층은 수만 년 동안 침식과 퇴적, 융기의 반복으로 만들어진다는 소위 '동일과정설(uniformitarianism)'을 믿는 진화론자들에게는 매우 충격적인 사건이 되었다. 그래도 한쪽 눈을 감고 있기는 하지만 말이다.

이렇게 화산 하나의 폭발력도 대단한데 지구 전체 모든 화산이 동시에 폭발한다면 그 위력을 감히 상상할 수 있을까? 미국 국방성 핵물리학연구소 월터 브라운 박사의 연구에 의하면 가장 강력한 폭탄인 수소폭탄 수십억 개와 맞먹는다고 할 정도이다!

이런 엄청난 큰 힘으로 본래 하나였던 대륙(창 1:9)이 시속 60km 속도로 이동하여 오늘날의 지구 환경이 만들어진 것으로 보고 있다. 지도를 통해서도 이런 지형 변화를 쉽게 확인할 수 있다. 예를 들어 아프리카 대륙 서부 해안과 남아메리카 대륙 동부 해안을 비교해보면 정확하게 해안선이 들어맞아 본래 하나의 대륙이었음을 누구도 부인하지 못할 것이다. 다른 여러 지역도 마찬가지다.

이처럼 하나였던 지구가 여러 개의 판(plate)으로 나누어지는 현상을 설명하는 이론인 '판구조론(plate tectonics)'은 지질학자와 창조과학자도 대부분 인정하는 이론으로 성경과도 부합된다.

최근 세계 곳곳에서 지진과 화산 활동이 증가하고 있다. 특히 미국 옐로우스톤 화산도 폭발조짐이 여기저기서 감지되고 있는데, 이 대형 화산의 위력은 세인트 헬렌 화산보다 무려 천 배에 달한다고 한다. 이 국립공원 근처 버팔로들이 떼를 지어 다른 곳으로 이동하기도 하고, 지반이 융기되며 지진 발생 빈

도와 강도가 수직 상승하고 있다는 소식도 들린다.

이 화산이 폭발하면 미국의 3분의 2가 불모지로 변하여 국가 기능이 마비될 뿐 아니라 식량 생산 저하로 전 세계가 큰 위기에 빠질 수 있다고 한다. 그렇지만 주님은 재림을 앞두고 이런 일들이 일어날 것을 미리 알려주셨다. 많은 어려움이 닥칠 것으로 예상되지만 더욱 재림의 소망을 가지고 주님이 주신 평안으로 의연한 삶을 살아야겠다.

화석, 대홍수 사건을 재구성하는 블랙박스

땅 위에서 움직이던 모든 육체가 죽었으니 곧 날짐승과 가축과 짐승과 땅에서 기는 모든 기는 것과 모든 사람이라. (창 7:21)

남극과 북극을 포함한 지구촌 어디에서나 발견되는 화석들은 또 다른 대홍수의 증거이다. 코로 호흡하는 모든 동물과 사람이 갑작스러운 대격변을 맞이했기 때문에 방주에 오르지 못하고 죽은 수많은 생명체들이 화석으로 당연히 남아 있을 것이다.

화석은 영어로 파슬(fossil)인데 라틴어 fossilis(땅 속에서 캐낸 것)에서 유래한 말이다. 과거 아리스토텔레스를 포함한 그리스 철학자들은 수정(crystal)과 같은 무기물이 땅속에서 자라 화석이 되었다고 여겼다. 그러나 레오나르도 다빈치는 과거에 살았던 생물이 암석화된 것이라고 자신의 책에서 밝힌 것이다. 이런 생각은 그 당시 이단 취급을 받았기 때문에 그의 책은 19세기에 가서야 출판되었다고 한다.

화석은 주로 퇴적암에서 발견되는데 진화론자들과 창조론자들 사이에서 화석에 대한 해석을 놓고 동상이몽을 꾸어왔다. 진화론자들은 고생물학에서 화석을 통해 시대와 환경을 추측하기도 하고 오랜 시간에 걸쳐 생물이 진화되었음을 설명하는 데 이용한다. 반면에 성경을 믿는 창조과학자들은, 화석은 대홍수 심판의 결과로, 또 성경의 진실을 드러내는 증거로 내세운다. 따라서 두 진영 중 한쪽은 맞고 다른 쪽은 틀린 것이다. 화석의 특성을 통해 어느 쪽이 옳은지 확인해보자.

모든 화석에는 진화의 흔적이 없다. 화석들은 오늘날 생물과 똑같은 모습을 보여준다. 하나님께서 종류 안에서만 번성하도록 한계를 정해놓으셨고, 대홍수로 멸절된 종류와 방주에서 살아남은 종류는 똑같기 때문이다. 전 세계적으로 화석무덤이 많다는 것도 격렬한 물의 이동이 있었을 대홍수의 증거로 볼 수 있다. 2008년 중국 신장에서 발견된 1,800여 마리의 거북 화석들, 산둥성에서 나온 7,600개 이상의 각종 공룡 화석 등이 그런 예이다.

화석은 생체 화석(body fossils)과 생흔 화석(trace fossils)으로 크게 분류할 수 있는데, 경골어류와 삼엽충·암모나이트·호박·조개·새우·규화목·나뭇잎 등 여러 동식물 화석들은 생체 화석이고, 공룡이나 절지동물 등이 이동하면서 만들어낸 흔적 화석은 생흔 화석이다. 이제 생체 화석 중 두 가지를 소개하고자 한다.

오른쪽은 새우 두 마리가 화석이 된 것으로 오늘날 새우와 하나도 다른 점이 없다. 키틴질의 외골격 형태가 잘 보존되었고, 머리와 눈, 더듬이, 배의 마디와 꼬리 부채까지 아주 선명하게 잘 보인다. 왼쪽은 포항에서 발견된 그물맥 나뭇잎 화석인데 자연적으로 죽은 잎사귀는 가장자리가 오그라들지만 이 화석의 경우, 가장자리는 물론 잎자루와 잎맥까지 선명하다. 거의 모든 화석은 갑작스러운 사건에 의해 살아 있을 때나 부패되기 전에 퇴적물로 덮이고 적당한 압력과 열이 가해져 단시간에 만들어져야 이와 같은 화석이 형성될 것

▌격변의 증거를 담고 있는 나뭇잎과 새우의 화석

이다.**** 결국 이런 화석들은 진화론자들이 주장하는 시간(time)보다 창조과학자들이 밝혀낸 사건(event)을 지지하고 있다. 마치 비행기가 추락한 사고에 남아 진실을 밝히는 블랙박스처럼 노아 대홍수 사건을 묵묵히 증명하는 소중한 증거물인 것이다.

켜켜이 쌓인 지층 그랜드캐니언의 웅변

그랜드캐니언은 많은 사람들로부터 '죽기 전에 꼭 가봐야 할 여행지'로 자주 꼽히는 관광지이다. 2년 전에 다녀온 이곳은 길이가 무려 446km로 서울에서 부산까지의 거리보다 길고 폭은 4~29km, 깊이가 최대 2km이다. 밑에는 검푸른 콜로라도 강이 말없이 흐르고 있었다. 시루떡처럼 수백 킬로미터에 걸쳐 쌓인 지층이 석양빛으로 붉게 물들자 그 장엄한 자태에 모두 넋을 잃

**** 오늘날에도 홍수에 의한 산사태가 일어나 생물이 매몰되지만 화석이 만들어지지 않는 이유는 퇴적입자들 사이에 스며들어 단단하게 만드는 교결물질(cement)과 높은 압력, 열이 없기 때문이다.

■ 대홍수로 퇴적층이 겹겹이 쌓인 후 침식된 그랜드캐니언의 지형

고 말았다. 진화론자들은 오랜 세월 콜로라도 강물에 서서히 침식되어 현재 이런 모습이 되었다고 주장한다. 소위 말하는 '강 이론(river theory)'인데 이런 이론으로는 결코 설명할 수 없는 두 가지 난제가 있다.

먼저 거대한 계곡을 침식시킨 엄청난 양의 흙인데 학자들이 진화론의 연대만큼 운반되었을 퇴적물의 양을 조사해보았다. 연간 1억 6,800만 톤이 약 7천만 년 동안만 침식됐었다고 가정해도 130만 입방 마일에 달하는 양이다. 이는 그랜드캐니언의 전체 부피의 1,500배와 맞먹을 정도로 엄청난 양이지만 현재 하류에는 이런 거대한 부피의 퇴적물이 거의 없다.

둘째, 이 강이 시작하는 동쪽은 높은 곳에서 낮은 곳으로 흘러가는 것처럼 보이지만 콜로라도 고원지대에 이르면 이해할 수 없는 일이 벌어진다. 콜로라도 고원이 상류보다 더 높은 지대이기 때문에 낮은 곳에서 높은 곳으로 물이 흘러 침식을 시켰다는 말도 안 되는 결론이 나온다. 중력을 거슬러 물이 흐를 수 없다는 것은 만고불변의 진리, 아니 너무나 평범한 법칙인데 이것을

▋유속이 빠르고 깊은 물속에서 형성된 사층리. 화살표처럼 좌우로 흘러 깎인 흔적이 역력하다.

부정하려는가?

콜로라도 강은 여전히 지대가 더 높은 고원을 통과해 흐르고 있다. 최근 인공위성으로 확인해보니 과거 협곡 상류 지역인 이곳 카이밥고원은 4개 주에 걸쳐 1,700m 높이에다 남한 면적 크기의 커다란 분지(호수)였다. 그런데 가장 약한 그랜드캐니언 쪽의 둑이 붕괴되어 아직 굳어지지 않은 퇴적층을 순식간에 침식시켰을 것이다. 이런 주장을 '댐 붕괴 이론(breached dam theory)'이라고 하는데, 성경 내용과 잘 부합되며, 진화론에서 설명할 수 없는 문제가 쉽게 해결된다.

사층리(斜層理, cross-bedding)도 그랜드캐니언처럼 대홍수의 강력한 증거 중 하나이다. 이 사진은 그랜드캐니언 여행을 마치고 앤텔로프캐니언으로 가는 도중 달리는 차 안에서 촬영했다. 사층리는 기울어진 사암 퇴적층을 말하며 빠른 물속에서 형성된 것이다.

과거 진화론자들은 사층리가 사막에서 바람에 의해 형성되었다고 주장했다. 그러나 육지에서는 이런 거대한 모래층이 퇴적될 수 없고, 물속에서 형성된 것과 층의 기울기와 모래 분급도가 다르다는 것을 나중에 알게 되어, 이제 진화론자들도 물속 환경에서 만들어졌다는 사실에 동의한다. 우리나라를 포함하여 전 세계적으로 사층리가 존재하는데, 고성 덕명리 해안가에서도 직접 확인했다. 이를 통해 물의 방향과 깊이를 알 수 있는데, 보통 1m 두께의 사층리를 만들려면 수심이 약 5m 필요하다.

미국 자이언캐니언에는 한반도보다 더 넓은 사층리가 있는데, 두께도 18m에 이른다. 이 정도면 수심이 약 100m나 되어야 하고 유속도 약 100cm/sec 이상 되어야 하는데 오늘날 100m 수심에서 이 정도의 빠른 유속은 관측되지 않는다. 그러면 이 많은 모래는 어떻게 이동되었을까? 전 지구적으로 지진이 동시에 일어나 토양이 액체처럼(액화, liquefaction) 되었기 때문에 가능했을 것이다. 앞의 사진에서 밑층을 보면 노란색 화살표처럼 왼쪽으로 물 흐름이 있다가 잠시 오른쪽으로 흘러 깎이고, 다시 왼쪽으로 흐르다가 오른쪽으로 흘러 깎이는 패턴이 반복되었음을 보여주고 있다.*****

이처럼 그랜드캐니언은 그 웅장함만큼이나 엄청난 비밀을 웅변하고 있다. 어디 여기뿐이랴! 미 서부지역 다른 여러 곳(브라이스캐니언, 모뉴먼트 밸리 등)에도 여전히 많은 홍수의 증거들이 남아 있었다. 그런데 놀랍게도 그랜드캐니언에는 성경과 일치하는 3가지 지층(암석)이 잘 관찰된다(표 참조).

① 창조 첫날 창조된 형태가 없는 땅(earth) : 물에 의한 이동이 없었기 때문에

***** 사층리를 포함하여 전 세계 퇴적층을 자세히 보면 서로 다른 지층 인접면은 침식이 전혀 없고 칼로 자른 듯이 보인다. 이것은 대륙판 이동과 관련이 있을 것으로 추정하는데, 마치 세차게 돌고 있는 것처럼 보이는 팽이에 힘을 가하면 갑자기 축이 흔들리는 것과 같은 원리이다. 즉 지각판이 나뉘면서 생긴 에너지가 일정하게 자전하는 지구에 영향(힘)을 주어 지축이 방향과 속도가 계속 변하면서 안정화가 될 때까지 선회하였고, 그 결과 역암이나 사암, 이암 등의 지층이 교대로 쌓여 거대한 퇴적층을 형성하였을 것이다.

표〉 지층에 관한 창조론과 진화론 측 이론 비교

창조론적 관점의 지층	화석(실제 현황)	진화론적 관점의 지층
현재 관찰되는 지층	지층(O) 화석(O)	현생대
홍수 직후의 땅(창 7:11~)		고생대 캄브리아기 (화석의 폭발적 증가)
창조 셋째 날의 땅(창 1:9)	지층(O) 화석(X)	원생대
창조 첫째 날의 땅(창 1:1~2)	지층(X) 화석(X)	시생대
무(無)	·	모름(빅뱅?)

퇴적층이 없고, 생물 창조 전이었으므로 당연히 화석이 없음

② 그 위에 셋째 날 하나님께서 물을 한 곳으로 모이게 하고 마른 육지가 드러나게 하실 때의 땅 : 물의 이동이 있었으므로 흙이 운반되어 퇴적층이 형성된 지층. 그러나 아직 아무 생물도 창조되지 않았으므로 여전히 화석은 없음

③ 이후 노아의 대홍수 때 만들어진 땅 : 물의 이동으로 인해 퇴적층과 동시에 지구상의 동식물이 순간적으로 묻혀 다양한 화석이 무수히 나타남

이제 수백 편의 논문을 통해 최근에서야 지질학자들도 창세기 대홍수 같은 대격변에 의해 그랜드캐니언이 형성되었음을 인정하기 시작한 것은 매우 바람직한 현상이다. 아이들은 밑그림을 보면서 수백 개나 되는 퍼즐 조각으로 그림을 완성한다. 이처럼 모든 이들이 성경이라는 밑그림을 통해 모든 지질 현상의 퍼즐을 맞춰가며 창조주를 인정하는 날이 하루속히 오기를 기대해본다.

혹은 땅에게 말하라 땅이 너를 가르치리라 바다의 물고기들이 네게 밝히 알려주리라. 이 모든 것들을 통해 주의 손이 이 일을 이루신 줄을 누가 알지 못하느냐? (욥 12:8~9) ❖

전 세계의 홍수 설화들,
이래도 부분 홍수인가?

지구촌 곳곳에는 수많은 홍수 설화가 지금도 남아있다. 그런데 설화, 즉 신화나 전설·민담 등은 100% 상상으로 만들어진 것이 아니라 어느 정도는 사실(fact)에 근거를 두고 있다는 것이다.

현재 세계 각처에서 전해 내려오는 홍수 설화는 자그마치 200여 개나 된다. 우리나라에도 '남매혼'이나 '목도령' 같은 홍수 전설이 내려오고 있다. 흥미롭게도 성경의 '노아'와 발음이 매우 유사하게 중국의 묘족에게는 '누아', 하와이에는 '누우'라는 인물이 대홍수 설화의 주인공으로 등장한다.

세계 홍수 설화는 성경과 대부분 일치하는 지역도 있고, 일부만 담겨 있는 곳도 있지만 다음과 같은 몇 가지 공통점이 있고 모두 성경 창세기 6~8장 내용과 부합한다. 즉 '선택받은 자가 신의 경고로 배를 만듦', '엄청난 물난리로 세상이 심판을 받음', '배가 산 정상에 도착함', '홍수의 물이 말랐는지 알아보기 위해 새를 내보냄' 등이다.

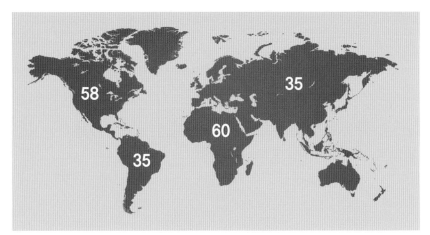

■ 대륙별 홍수 설화와 전설 등의 대략적인 개수

인류 최초의 문명 발생국인 수메르의 길가메시 서사시에도 홍수 이야기가 나온다. 그래서 시중 서점에서 저자가 다른 책 두 권을 구입하여 이에 관해 자세히 검토해 보았다.

이 서사시는 노아의 홍수 이후 수메르의 한 도시국가였던 우루크(바그다드 남쪽 250km, 인구 약 8만)를 길가메시(실존인물로 봄)가 126년간 다스리는 이야기부터 시작한다. 그를 3분의 2는 신, 나머지는 힘센 거인족 사람으로 묘사한 것을 보면 아마도 하나님의 아들들(타락한 천사)의 후예가 아닌가 생각된다(창 6:4). 길가메시가 자기 백성을 폭력과 탐욕으로 다스리자 사람들이 그를 원망하였다. 그래서 신들은 그를 대적하기 위해 엔키두라는 사람을 만들었지만 오히려 엔키두를 친구로 삼고 숲속의 거인 훔바바를 죽인 뒤 영원한 삶을 찾아가는 내용이다. 홍수 이야기는 토판 11번째에 간막극처럼 삽입되어 있는데 길가메시는 성경의 '노아'에 해당하는 '우트나피시팀'을 만나 그 이야기를 듣게 된다. 그가 우트나피시팀으로부터 들었던 홍수 이야기를 정리하면 다음과 같다.

① 인간의 반란을 참지 못한 신들이 인간을 멸하기로 함

② 그러나 신들 중 지혜의 신 에아(Ea)는 착한 인간인 우트나피시팀의 꿈에 나타나 무서운 홍수가 닥칠 것을 경고하면서 당장 하던 일을 멈추고 집을 산산이 부순 다음 배를 만들라고 지시함

③ 배를 120 × 120 × 120큐빗의 크기로 짓게 함

④ 물이 들어오지 않도록 역청을 칠하라 함

⑤ 배는 북쪽 니르 산 정상에 도착함

⑥ 우트나피시팀이 물이 빠졌는지 알아보기 위해 비둘기·제비·까마귀를 보냄

이처럼 그 내용이 성경과 매우 비슷하다. 그래서 신학자들을 포함한 많은 성경비평가들은 모세가 창세기를 기록할 때 길가메시 서사시를 인용했다고 주장한다. 과연 그럴까?

지금으로부터 약 4,500년 전, BC 2348년경에 홍수 사건이 일어났다. 그런데 BC 2000년경에 성경과 하나님을 알지 못하는 사람들이 선조로부터 구전으로 내려온 여러 다른 이야기들과 함께 대홍수 이야기도 기록한 내용이 바로 이 서사시일 것이다. 그리고 계속 구전되어 오면서 처음 이야기에서 점차 왜곡되고 내용이 누락 또는 추가되었을 것이다.

비록 이 서사시보다 약 500년 늦은 BC 1450년경에 모세를 통해 기록되었던 성경은 하나님의 영감에 의해 하나님의 입에서 나온 말씀을 기록한 것이다. 두 사람이 어떤 사건에 대해 사전에 서로 아무런 정보교환 없이 A가 먼저, 그리고 B가 나중에 그 사건을 기록했다고 하자. 그렇지만 내용이 비슷하다는 이유만으로 늦게 쓴 사람이 먼저 쓴 사람의 기록을 베낀 것이 분명하다며 근거 없는 주장을 하면 얼마나 이치에 맞지 않는 말인가!

모세가 그런 기록을 참고할 이유도 없지만 그렇게 추정할 근거도 전혀 없다. 이야기의 구조를 보면 어느 것이 왜곡된 것이고 어느 것이 원형인지 알 수 있는 정황도 많다. 성경은 원저자가 역사(history)의 주인이신 하나님이시므로 틀림없는 사실이다. 또한 성경은 이 사건을 구체적 날짜까지 자세히 기록하고 있으며 전 과정이 상식과 과학에 부합된다. 그러나 흐트러진 설화와 구전은 유치하기도 하고, 사건의 전환이 급작스럽거나 기승전결이 뜬금없으며, 비과학적으로 변질되는 경우가 많다.

결국 길가메시 서사시를 포함한 전 세계 수많은 대홍수의 설화와 전설을 보면 노아의 이름이나 그의 여덟 식구 등 모든 면에서 압도적으로 성경 기록과 일치하는 쪽으로 모아진다. 이로써 성경의 진실이 드러나고, 대격변의 실체도 전 지구적인 것임을 우리는 또 한 번 확인할 수 있을 것이다. ❖

목격자,
방주를 발견한 사람들

　지구가 창조된 이후 가장 규모가 큰 지각변동을 일으키며 모든 육상동식물을 수장시킨 대홍수! 땅을 삼키는 거대한 파도와 쓰나미가 밀어닥치는 상황 속에서도 방주는 끄떡없이 1년 이상 견딘 후 지금의 아라랏 산*에 안착했다고 성경은 말씀하고 있다.

일곱째 달 곧 그 달 십칠일에 방주가 <u>아라랏의 산들 위에</u> 안착하니라. (창 8:4)

　그렇다면 그 말씀처럼 배의 흔적이 이 산에 남아 있을까? 그리고 찾을 수 있을까? 여태까지 수많은 고고학적 증거들이 드러날 때마다 성경과 일치되지 않은 경우는 한 번도 없었으니 방주도 예외는 아닐 것이다. 비록 만년설에 덮여있어 코스가 험난하고 변덕스러운 날씨가 지속되는 곳이지만 지금까지

---

* 터키 동부·이란 북부·아르메니아 중서부 국경에 위치한 산. 두 개의 봉우리로 되어 있다.

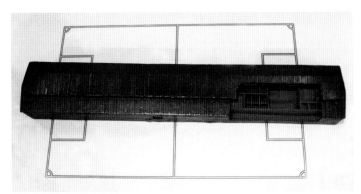

■ 대전 창조과학관에 있는 방주의 축소 모형. 축구장보다 좁고 길다

수백 명의 사람들이 직접 탐사하고 목격하여 증거자료를 제시했다. 그 중에서 몇 가지 중요한 예를 소개하고자 한다.

먼저 고대 문헌과 유대 역사가 요세푸스에 의하면 아르메니아에 배의 일부가 남아 있고, 어떤 사람들은 역청을 가져다가 부적으로 사용했다고 한다. 15세기에 「동방견문록」을 저술한 마르코 폴로는 아라랏 산 부근을 통과하면서 자신의 책에 "아르메니아 중앙에 아주 크고 높은 산이 있는데 그 위에는 노아의 방주가 남아 있다고 하며 그래서 이 산은 '방주의 산'이라 불리고 있다"라고 기록하였다.

1908년 아르메니아 양치기 소년인 조지 하고피안이 어릴 때 삼촌을 따라 방주에 가 보았는데 직접 방주 위로 올라가기도 했으며 1910년에 다시 한 번 탐험했다고 한다. 방주 옆에 큰 돌들을 쌓아 꼭대기까지 올라간 그는 방주가 바위처럼 단단했고 일부는 암석과 눈으로 덮여 있는 것을 목격하였다.

하고피안이 미국에서 노년을 보내던 1970년경 삽화가 엘프레드 리와 인터뷰를 했는데 리의 요청으로 그는 자신이 보았던 방주를 그림으로 남겼다. 그리고 1972년 사망하기 전에 그의 증언이 자세히 녹음되었다고 한다. 하고피안이 증언한 방주를 토대로 축소해 만든 모형이 대전 창조과학관에 전시되어 있어서 오래전에 카메라에 담아왔다(사진 참조).

프랑스인 페르난도 나바라는 1952년과 1953년에 두 번이나 아라랏 산 탐험을 시도했지만 악천후로 방주를 발견하지 못했다. 그러나 1955년 세 번째 아내와 세 아들을 데리고 터키에 도착한 다음 호기심 많은 11세 막내아들 라파엘만 데리고 아라랏 산에 올랐다.

드디어 두 사람은 30피트(약 9m) 정도로 빙하가 갈라진 틈 사이에서 방주를 발견하고, 길이 1.5m 되는 정사각형 나무 조각을 잘라서 가지고 내려왔다. 이 나무 조각 일부를 이집트 농무성과 카이로박물관 등에 보내 연대를 의뢰한 결과, 약 5,000년 전 것으로 추정되었다.

미국 창조과학연구소(ICR)의 존 모리스(J. Morris)** 소장은 아라랏 산을 무려 13회나 탐사했는데 눈사태와 독사, 늑대개 등의 방해로 등반에 어려움을 겪었다. 1972년 8월 3일 아라랏산 정상 부근에서 강한 바람과 눈보라가 몰아칠 때, 그와 동료 두 사람은 벼락을 맞아 한 사람은 의식을 잃고 모리스와 다른 사람은 의식은 있으나 전신마비가 되었다.

모든 것을 체념한 채 과거 잘못을 회개하면서, 남은 사명이 있다면 몸을 회복시켜 달라고 간절히 기도했는데, 한 시간 후에 기적적으로 몸이 회복되었다고 한다. 존 모리스는 2006년 사망한 아버지 헨리 M. 모리스 박사가 설립한 창조과학연구소(ICR)를 이어받아 왕성한 활동을 하고 있다.

1916년경 두 명의 러시아 비행조종사들이 방주를 목격하였다고 상부에 보고하자 러시아 황제 니콜라이 2세는 군인 2개 중대를 파견했다. 그들은 방주

** 1960년대 기념비적인 저서 창세기 대홍수(Genesis flood)의 저자이며 ICR(Institute of Creation Research)의 설립자로 현대 창조과학의 기틀을 마련한 수력학자 헨리 M. 모리스의 아들

를 직접 발견하여 측정하고 사진을 찍어 황제에게 보냈지만 불행히도 1917년 초 볼셰비키 혁명으로 황제가 왕좌에서 쫓겨나면서 모든 중요 보고서는 소실되었다. 그렇지만 존 워릭 몽고메리(J. W. Montgomery) 박사가 그 당시 탐험 대원 중 대령 출신인 한 사람을 만나 방주 정보가 사실임을 확인했다.

그 외에 국제노아의방주사역회(NAMI) 등이 방주 건조 터로 추정되는 지점을 찾고, 광물화된 고펠 나무를 찾는 등 수많은 탐험가와 연구자들을 통해 배가 실제로 존재한다는 사실이 밝혀졌다. 그러나 진화론 학자들과 일부 성경비평가들은 노아 당시는 커다란 배를 건조하는 기술이 없었으므로 발견된 흔적들은 후대에 만들어진 다른 배라고 주장하기도 한다. 주님의 말씀을 무시하고 방주의 존재를 믿지 못하는 사람들에게는 아무리 확실한 증거를 제시해도 소용없다는 것을 알 수 있다.

오래전부터 용기 있는 자들은 성경에 기록된 노아의 방주를 찾기 위해 위험을 감수하며 행동에 옮겼고, 그들 중 많은 사람이 직접 목격하고 확인했다. *** 하지만 이런 눈에 보이는 증거보다는 "보지 않고도 믿는 자들은 복이 있도다(요 20:29)" 하신 주님의 말씀에 더 큰 소망과 확신을 가지게 된다.

아마도 방주는 계속 묻혀 있을지도 모른다. 보지 않고도 믿는 믿음이 창조신앙의 척도이기 때문이다. 방주가 없어도 이미 모든 지구 환경과 생태계, 지층은 성경을 지지하고 있다. 그러나 정하신 때가 되면 모든 것이 밝히 드러나 우리는 방주와 그 모든 비밀을 알게 될 것이다. 그날이 오기 전에 아집과 거짓 과학의 색안경을 버리고 창조주 하나님 앞으로 모두 나와 구원의 방주에 오르기를 간절히 소망한다. ❖

*** 목격자들의 공통된 증언들 : ① 배(boat)라기보다는 커다란 바지선(barge) 모양 ② 상층부와 평행하게 창문들이 배열 ③ 일부만 보이고 나머지 대부분은 암석과 얼음, 눈으로 덮여 있음 ④ 낭떠러지가 있고 선반처럼 생긴 돌출 부위에 방주가 있음 ⑤ 접근하기는 어렵지만 불가능한 것은 아님

병원? 기도원? 어디로 가야 할까?

그리스도인들 중에는 병이 났을 때 기도원이냐 병원이냐를 놓고 다소 마음의 갈등을 겪는 이들도 있을 것이다. 이제는 인식이 많이 바뀌었지만 여전히 병원에 가는 것이 왠지 믿음이 부족한 행동이 아닌가 하는 생각을 떨쳐버리기 어려운 것도 사실이다.

오래 전 일화 하나를 소개하고자 한다. 아침에 등교를 했던 한 중학생이 점심 무렵 식욕이 없고 배가 아파서 조퇴하고 돌아왔다. 아이의 부모는 소화불량으로 생각하고 소화제를 먹인 것 외에는 별다른 치료 없이 쉬게 했다. 그런데 저녁때쯤 구토와 복통이 심해지자 집 근처 병원 응급실로 데리고 갔다. 진찰과 여러 가지 검사를 한 결과 '급성 충수염(acute appendicitis, 소위 맹장염)'으로 진단이 나왔고, 당연히 의사는 응급으로 충수돌기절제술을 권하였다. 그러나 부모는 본인들 스스로 믿음이 좋다고 생각하는 터라 기도로 고쳐보겠다며 아픈 아들을 데리고 용감하게 병원을 등졌다.

이들은 늘 다니던 기도원에 가서 아들을 위해 밤새도록 기도를 드렸다. 하지만 다음 날 아침이 되어도 차도가 없는 것은 물론, 오히려 열이 오르고 복통이 심해지는 것이 아닌가! 할 수 없이 다시 병원에 가서 진찰해보니 충수가 천공되어 이미 복막염으로 진행된 상태였다. 복막염(peritonitis)은 예방이 중요한데, 얼른 손을 쓰지 않으면 생명이 위태로울 수 있으며 장 유착으로 오랫동안 고통을 겪는 무서운 합병증이다.

이처럼 부모의 한 순간 잘못된 판단으로 자녀가 평생 동안 신체적 고통을 겪으며 살아가야 한다면 두고두고 후회할 일이 되지 않겠는가. 또 다른 경우로 초기 간암이나 위암 판정을 받은 어떤 환자들은 금식기도로 고쳐보겠다며 시간을 허비하다가 수술시기를 놓친 경우도 심심치 않게 주변에서 볼 수 있다.

왜 이런 불행한 일이 일어날까? 그리고 신앙과 지식이 충돌할 때 어떤 지혜가 필요할까? 일반상식을 포함한 세상의 온갖 지혜와 지식은 다 창조주이신 주님께서 주신 것으로, 의사를 통한 자연적(의학적) 치료와 기도를 통한 초자연적 치료 모두를 주관하신다. 그런데 주님은 사람을 통해 일하시기를 즐겨하시므로 특별한 경우를 제외하고는 주로 사람을 통해 자연적인 방법을 사용하시고 치료 경과도 역시 관여하신다는 것이다.

약 10년 전 두 차례 몽골 의료봉사를 다녀왔는데 1900년대 초, 이 나라는 '화류병(花柳病, 성병)'에 인구 70~80%가 감염되어 고통을 받고 있었다. 라마불교의 영향으로 주문을 외우는 미신적인 방법 외에 별다른 치료를 하지 못했지만 한국인 의사 이태준 선생이 항생제 등 근대적인 의술로 질병을 퇴치하였다. 그리고 그 공로를 인정받아 '몽골의 슈바이처'라는 별명을 얻고,

몽골 국왕의 어의(御醫)까지 되었다. 이처럼 사람을 통해 주님은 몽골의 질병을 해결해 주셨다. 예수님께서도 한센병(나병) 환자를 치료하신 후 의사의 역할을 수행하는 제사장에게 그 몸을 보이라고 하셨다. 즉 의학적인 검증을 받으라는 것이다(막 1:44). 참고로 주님은 우리 인간이 세 가지 즉 영(spirit)·혼(soul, 마음)·육(body)으로 구성되었기 때문에 이 모든 영역을 다 회복시키는 이른바 전인치료(全人治療)를 하셨다.

내가 존경하는 박관 원장님(독일내과)도 전인치료를 하신다. 원장님은 의사이면서 목사이신데 일주일 중 하루는 예수님처럼 이 사역을 하신다. 예를 들어 환자의 영적인 병 즉 죄(罪, sin) 문제만 해결해주어도 피부병 같은 육신의 병이 치료되기도 하였다. 따라서 믿음의 기도를 드리면서 현대 의학적 치료를 받는 것이 가장 현명하고도 합당한 방법이 아닐까 생각한다. 여기서 명심해야 할 점은, 비록 눈에 보이지는 않지만 영과 혼은 눈에 보이는 육보다 더 중요하고 영원한 존재라는 사실이다.

이것은 성경에 기록된 진리이며 열역학 제1법칙에도 어긋나지 않는다. 그래서 사람이 죽으면 우리 본향으로 돌아간다는 뜻으로 선조들은 '돌아가셨다'는 표현을 쓰지 않았겠는가! 단지 두 갈래 길(천국과 지옥)로 나누어질 뿐….[*]

의대 재학시절 정신과 이무석 교수님께서 우리 학생들에게 강조하셨던 강의 내용을 지금도 잊을 수 없다. 정신병 환자(혼의 영역)와 마귀 들린 자(영의 영

---

[*] 영은 모두 하나님께로(전 12:7), 혼은 천국 또는 지옥으로 간다. 참고로 지구 안에는 무저갱과 과거의 낙원, 지옥이 존재하는데 특히 지옥(地獄)은 단어 속에 내포된 것처럼 '지구에 있는 감옥'을 의미한다. 킹제임스 성경 욥기 1장 7절을 보면 하나님께서 사탄에게 어디에서 왔느냐고 묻자 사탄은 '땅에서 여기저기 다니고 또 그 안에서 위아래로 거닐다가 오나이다'라고 대답했다. 즉 그는 지구 내부까지 왕래했다는 사실을 보여준다. 실제로 지하 내부에서 사악한 영들이 활동하는 많은 증거들이 있다. 하지만 NIV나 개역개정 등에는 '땅을 두루 돌아 여기저기 다녀 왔나이다'라고만 기록해 오늘날에도 지하에서 활동하는 사탄의 영역을 알 수 없게 번역하였다.

역)를 잘 구별하여 합리적인 치료를 하라는 말씀이셨다. 예를 들어 성격 장애로 정신과에서 치료받아야 할 환자를 마귀가 들렸다고 축사를 한다거나, 반대로 마귀 들린 사람에게 기도 대신 정신과 치료를 받게 해서는 안 된다는 것. 그래서 육신적 질병뿐만 아니라 영과 혼의 영역의 질병도 잘 구별해서 치료하라는 것이 이 분 말씀의 요지였다. 이처럼 의사는 지성과 영성의 균형을 잡고 합리적 판단으로 환자를 치료해야 한다.

여기서 한 가지 주의해야 할 점이 있는데, 예수님이 모든 병을 고치셨으니 예수님을 믿는 우리도 그분처럼 각종 병을 고칠 수 있다고 착각하면 안 된다는 것이다. 성경이 완성되기 전 과도기에는 사도 바울도 예수님처럼 모든 병을 고치고 심지어 죽은 자까지 살리는 등 엄청난 능력을 행하였다. 하지만 말년에는 자기 육신의 병뿐만 아니라 사랑하는 제자 디모데의 병조차 고치지 못했다. 그래서 바울은 디모데에게 일종의 의약품에 해당하는 포도즙을 처방한 것이다.

더 이상 물만 마시지 말고 네 위장과 자주 있는 병을 위하여 <u>포도즙</u>**을 조금 쓰라. (딤전 5:23)

성경이 완성되자 주님은 능력의 사도 바울도 다른 방식(경륜)으로 이끌어가셨고, 그 후 약 2,000년이 흐른 지금까지도 같은 경륜으로 일하고 계신다. 이렇게 의료행위에 있어서도 상식적이고 합리적인 행동이 요구되는 시대에 우리는 살고 있으므로 질병을 만났을 때 믿음과 함께 이성적인 판단과 조치를 취하는 것이 매우 중요하다. ❖

** 개역성경 등은 포도주로 잘못 번역함. 포도주는 술이므로 위장병을 오히려 악화시킬 뿐이다.

4

공룡,
알리바이를 남기다

그의 입에서는 타는 등불이 나오고
불꽃들이 튀어나오며
그의 콧구멍에서는 끓는 솥이나 가마솥에서
나오는 것 같이 연기가 나오는도다.
그의 숨은 숯을 피우고
그의 입에서는 불꽃이 나오며

(욥 41:19~21)

공룡은
인간과 함께 살았던 동물이다

많은 사람들이 호기심을 갖고 있지만 베일에 싸인 공룡(恐龍)! 과연 공룡이라는 동물이 지구상에 언제 등장했으며 실제로 존재했는지, 정말 멸종했는지, 그리고 하나님이 창조하셨다면 성경에도 나오며 또한 공룡과 함께 살았던 사람이 있었는지, 지금도 어딘가에는 살아있는지 등등 궁금증은 끝이 없을 것이다. 그러나 우리 주변에서 공룡에 관한 영화나 다큐, 책을 아무리 자세히 들여다보아도 거의 대부분 상상력을 총동원한 허구에 불과할 뿐 진실과는 너무나 동떨어져 있다.

몇 년 전부터 경남 고성군과 남해군, 전남 해남군과 화순군, 여수시 등의 국내공룡화석지 뿐만 아니라 고성과 해남, 광주에 있는 공룡박물관을 방문하고 공룡 전문가들을 만나기도 했다.

그동안 모은 자료들과 성경을 비교 분석한 후 얻은 공룡에 관한 진솔한 이야기들을 이제 하나씩 꺼내어 진실을 밝히고자 한다. 공룡은 미스터리의 동물이 아님을 알 수 있을 것이다.

공룡은 언제 지구상에 나타났는가?

우리 자녀들이 배우는 교과서에는 공룡이 약 2억 년 전 중생대 트라이아스기(삼첩기)에 생겨나 쥐라기 때 번성한 후 백악기 말인 약 6,500만 년 전에 멸종되었다고 기술되어 있다. 그리고 사람은 길어도 200만 년 전에 생겨났으므로 무려 6,300만 년이라는 엄청난 시차 때문에 사람과 공룡과는 만날 수 없었다는 것이다. 이것이 사실일까?

온 인류의 '사용설명서'인 성경을 보면 이와 같은 주장이 거짓임을 바로 알 수 있다. 주님은 공중에 나는 익룡을 포함한 각종 날짐승과 어룡을 포함한 다양한 바다 생물은 다섯째 날에, 초식공룡과 육식공룡을 포함한 각종 육상동물, 그리고 사람은 여섯째 날에 창조하셨다. 다시 말하면 인간보다 익룡과 어룡은 하루 전에, 육지에 사는 초식, 육식공룡은 같은 날 창조된 것이다(창 1:20~31).

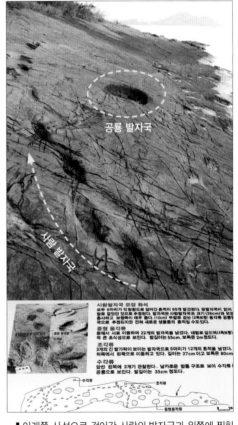

■ 아래쪽 사선으로 걸어간 사람의 발자국과 위쪽에 찍힌 공룡의 발자국. 동 시대가 아니면 함께 남을 수 없다.

여기에 소개한 화석 사진을 보면 공룡이 인간과 비슷한 시기에 등장해 함께 지냈음을 알 수 있다. 경남 남해군 창성면 가인리 공룡 화석지에서 촬영한 것인데, 공룡과 사람의 발자국이 한 바위덩어리에 동시에 찍혀 흔적 화석으로 존재한다! 그러나 진화론적인 관점에서 기록된 안내판에는 '사람 발자국과 크기와 모양이 흡사한 6마리의 특수 용각류가 두 발로 걸었다.'라고 기록되어 있다.

얼마나 우스운가? 사람 발자국 모양의 발을 가진 공룡은 주님께서 창조하지 않으셨다. 육지에 사는 공룡 발자국은 3가지, 즉 용각류·조각류·수각류밖에 없고, 모두 사람 발자국과 모양이 전혀 다르다. 자신의 생각은 없고 진화론의 앵무새 노릇만 하는 사람들이 얼마나 많은지 모른다. 조금만 상식이 있었어도 이렇게 써놓지는 않았을 것이다.

그렇다면 성경에도 공룡이 나오는가?

공룡이 아담과 같은 날 창조됐다고 하면 사람들은 묻는다.

"그런 게 성경에 나와요?"

창조주간의 기사에는 다른 것들도 일일이 나오지 않는 것처럼 공룡이 나오지 않지만 성경에 여러 번 등장하는 것이 공룡이다.

1840년 영국 국립자연사박물관 설립자인 리처드 오언(R. Owen)이 '무서운 도마뱀'이란 뜻을 지닌 '공룡(dino + saur)'이라는 신조어를 처음 사용했다. 그런데 최초의 영어성경인 킹제임스 성경(1611)은 그보다 약 230년 전에 번역되었기 때문에 성경에 공룡이란 단어는 없지만 용(dragon)이라는 단어가 바로 공룡이다. 이후 공룡이 거의 사라지니 '용'이 여의주를 물고 승천하는 등 상상의 동물로 뒤바뀐 것뿐이다.

이제 내(하나님)가 너(욥)를 만들 때에 함께 만든 베헤못을 보라. 그가 소처럼 풀을 먹느니라. 이제 보라, 그의 기력은 그의 허리에 있고 그의 힘은 그의 배의 배꼽에 있느니라. 그가 자기 꼬리를 백향목같이 움직이며 그의 고환의 힘줄은 서로 얽혀 있고 그의 뼈들은 강한 놋 덩이 같으며 그의 뼈들은 쇠막대기 같으니라. 그는 하나님의 길들 중에서 으뜸이거니와 그를 만든 이가 자신의 칼을 그에게 가까이 댈 수 있느니라. (욥 40:15~19)

흠정역에서 베헤못(behemoth)이라고 그대로 옮긴 이 짐승은 과거 개역성경에는 '하마'로 나오다가 2012년경에 나온 개역개정판에 베헤못으로 번역되었다. 하마라고 한 것은 다른 현대역본 영어성경을 따라 옮긴 것인데, 어떻게 주님은 약 50cm밖에 안 되는 하마의 꼬리를 30m나 되는 거대한 백향목에 비유하실 수 있겠는가! 또한 하마가 하나님의 길들 중 으뜸가는 동물이라고 말할 사람은 아무도 없을 것이다.

이 말씀은 하나님이 지금 풀을 뜯어 먹고 있는 초식공룡의 모습을 직접 지켜보는 욥에게 말씀하시는 것이다. 성경은 에스겔서 14장 14절, 야고보서 5장 11절에서 욥이 아브라함과 같은 족장시대의 실존 인물임을 밝히고 있다.[*]

우리가 가진 모든 지식의 최종 잣대는 우주의 창조자이자 목격자이신 주님의 말씀뿐이며 공룡에 관한 지식도 마찬가지다. 결국 공룡은 6,500만 년 전에 멸종된 것이 아니고 성경에 기록된 것처럼 욥이 살던 시대에도 사람들과 함께 살았던 동물이라는 점은 확실하다. 그 증거는 모진 풍상을 겪으며 이런 사실을 묵묵히, 그러나 똑똑히 증명하는 화석으로도 우리 주변에 남아 있다.

❖

---

[*] 미국의 척 스미스 목사 등은 욥을 욕단의 막내아들 요밥일 것으로 추정한다(창 10:29).

입에서 불을 뿜는 공룡,
있다? 없다?

그럼 계속해서 공룡의 신비를 파헤쳐보자. 앞서 살펴본 욥기 40장의 베헤못이라는 거대한 초식공룡에 이어 욥기 41장은 전체에 걸쳐 리워야단(leviathan)이라는 동물에 대해 주님께서 욥에게 시청각교육을 하고 계신다.

네가 낚시 바늘로 리워야단*을 끌어낼 수 있겠느냐? 혹은 네가 늘어뜨리는 줄로 그의 혀를 끌어낼 수 있겠느냐? 네가 그의 코에 낚시 바늘을 걸 수 있겠느냐? 혹은 가시로 그의 턱을 꿸 수 있겠느냐? (욥 41:1~2)

그의 입에서는 타는 등불들이 나오고 불꽃들이 튀어나오며 그의 콧구멍에서는 끓는 솥이나 가마솥에서 나오는 것 같이 연기가 나오는도다. 그의 숨은 숯을 피우고 그의 입에서는 불꽃이 나오며 (욥 41:19~21)

---

* 욥기 41장은 전체적으로 리워야단을 불을 뿜는 무서운 공룡으로 묘사하고 있지만 마지막 34절에는 모든 교만한 자녀들을 다스리는 왕 즉 사단(Satan)이나 루시퍼를 상징하는 단어로도 사용되고 있다. 이와같은 표현은 이사야 14장 12~15절(바빌론 왕)과 에스겔 28장 11~19절(두로 왕)에서도 나타난다.

그가 스스로 일어설 때에는 강력한 자들이 무서워하며 처부숨으로 인하여 자신을 정결하게 하는도다. 그에게 달려드는 자의 칼도 견디지 못하며 창이나 작은 창이나 사슬갑옷도 견디지 못하는도다. 그는 쇠를 지푸라기같이, 놋을 썩은 나무같이 여기나니 화살이라도 그를 도망하게 할 수 없고 무릿매의 돌도 그에게는 지푸라기가 되는도다. 그가 작은 창도 지푸라기같이 여기나니 그가 창을 흔드는 것도 비웃는도다. 그의 아래쪽에는 날카로운 돌들이 있나니 그가 진흙 위에 뾰쪽한 것들을 퍼뜨리고 깊음을 솥이 끓는 것 같이 끓게 하며 바다를 향유 단지같이 만드는도다. (욥 41:25~31)

이것은 사람이 잡거나 가까이 접근해 죽일 수도 없는 무시무시한 동물이라고 말씀하신다.

개역개정판에는 '리워야단을 악어로 볼 수도 있음'이라고 난하주에 적혀 있지만 악어가 불을 뿜는 것을 본 적이 있는가? 악어가 일어나면 용사라도 무서워 도망가고, 악어가 창을 지푸라기처럼 여길까? 리워야단은 우리가 상상하는 것보다 훨씬 거대하고, 불을 뿜는 놀라운 동물, 사람이 능히 제어할 수 없는 가공할 힘의 동물, 즉 공룡 같은 동물임에 틀림없다!

초식공룡은 뿔 달린 공룡(예 : 트리케라톱스), 지붕 있는 공룡(스테고사우루스), 갑옷 공룡(안킬로사우루스), 오리주둥이 공룡(람베오사우루스) 등 여러 종류가 있다. 그 중에서 오리주둥이 공룡은 머리 위에 코와 연결된 큰 볏이 있는데 진화론 학자들은 소리를 내는 기관이거나 상대방을 위협하는 무기라고 주장한다. 그러나 창조과학 진영에서는 어떤 화학물질이 입에서 나오면 공기 중의 산소와 만나 발화되어 실제 불이 나오는 부속기관으로 생각한다. 그래서 여러 나라 전설에 자주 나오는 '불을 뿜는 용'도 사실은 오리주둥이 공룡이었을 것이다.

다음 사진은 세계 3대 공룡 화석지 중 하나인 경남 고성 공룡박물관 근처

에 설치된 람베오사우루스(lambeosaurus)의 실물 크기 모형으로 역시 머리에 큰 볏이 달려있다. 이 공룡은 최초의 화석 발견자인 캐나다 출신 로렌스 람베(L. Lambe)의 이름을 따서 지었다.

그런데 놀랍게도 현재 살아 있는 곤충가운데 1cm 정도 크기의 폭격수딱정벌레(bombardier beetle, 폭탄먼지벌레)는 적을 공격하는 무기로 매우 뜨거운 가스를 분사한다. 몸 뒤쪽에 있는 두 개의 방에는 각각 하이드로퀴논과 과산화수소가 저장되어 있다. 평소에는 카탈라아제와 페록시다아

▌람베오사우루스 실제 크기 모형. 아내와 비교하면 그 덩치를 대략 알 수 있다. 아래는 폭격수딱정벌레가 뜨거운 가스를 분사하는 모습

제라는 두 효소가 반응을 억제하고 있어서, 이 두 가지 물질이 만나도 폭발하지 않는다. 그러나 적의 공격을 받으면 두 물질이 순식간에 반응하여 물이 펄펄 끓는 100℃에 가까운 뜨거운 가스가 분출되는 것이다.

화학물질을 아무렇지 않게 지니고 다니다가 천적을 만나면 의지적으로 융합시켜 분사할 수 있다니, 어찌 하찮은 미물이라고만 할 수 있겠는가! 그런데

공룡에 이런 장치가 있을 수 없다고 단정 지을 수 없는 노릇이다. 지금도 살아있는 폭격수딱정벌레의 경이로운 화학반응장치로 미루어 볼 때 욥이 살던 시대인 BC 2000년경에도 람베오사우루스나 코리토사우루스 같은 불을 뿜는 오리주둥이 공룡이 실제로 살아서 목격되었을 것이다. 주님은 욥에게 이런 동물을 보이시고 성경에 기록하심으로써 진리를 찾고 두드리는 자들에게 오늘도 참된 과학의 길을 열어주고 계신다. ❖

세상에서 가장 귀한 똥,
분석 糞石

우리 아이들이 어릴 때, 시도 때도 없이 똥 이야기를 하면서 깔깔대곤 했다. 어른도 예외는 아닐 텐데, 이는 남녀노소 할 것 없이 잠재의식 속에 있는 '똥'이라는 단어가 주는 해학적 이미지 때문일 것이다. 성경에도 이에 관한 말씀들이 있는데, 구약에서 하나님은 대언자 말라기를 통해 제사장들이 주님의 말씀을 듣지 않고 마음에 두지 않으면 얼굴에 똥을 바르겠다고 하셨다(말 2:3). 그리고 신약에서 사도 바울은 예수 그리스도를 위해 모든 것의 손실을 입고 전에 이득이 되던 모든 것을 단지 배설물, 즉 똥(dung)으로 여긴다고 하였다(빌 3:7~8).

그런데 이처럼 더럽고 냄새나는 똥이 화석이 된다면 그 가치는 과연 어떻게 변할까?

똥이라도 화석이 되는 과정에서 그 성분이 바뀌면 전혀 다른 신분이 되어 희귀한 것은 수 백 만원에도 거래되기 때문에 '세상에서 가장 비싼 똥(?)'으로

거듭난다. 시쳇말로 팔자를 고치게 되는 것이다.

똥 화석은 분석(糞石, coprolite)이라고 부른다. 내가 소장한 분석은 럭비공같은 모양에 겉이 울퉁불퉁하며, 크기는 가로 세로 높이가 높이가 약 15×10 × 5cm 정도인데 처음 구입 때부터 단면이 쪼개져 있었다. 안쪽을 보여주기 위해 미리 잘라 놓았는데, 단면이 매끄럽고 보석처럼 바뀐 이유는, 공룡 똥의 유기물 성분이 모두 광물질로 치환되었기 때문이다(사진 참조).

그리고 분석 단면에 몇 가닥 섬유질 조직이 있는 것으로 미루어 아마도 초식공룡의 똥이었을 것으로 추정한다. 반대로 내부에 동물의 뼈나 이빨·물고기 비늘 등이 포함되어 있다면 육식공룡 분석으로 분류한다.

마이클 크라이튼 원작 영화 〈쥬라기*공원〉에서도 초식공룡인 트리케라톱스의 사망 원인을 찾기 위해 과학자들이 산더미처럼 쌓인 공룡 똥을 조사하

---

* 표준어는 '쥐라기'지만 국내 개봉 영화 제목 그대로 표기함

는 장면이 등장한다.

분석을 보면서 잠시 이런저런 생각에 잠겨본다.

냄새나고 썩어 버려질 공룡의 똥이 어떻게 저렇게 단단하고 아름다운 보석으로 변할 수 있을까? 마치 죄악으로 사망선고를 받은 질그릇 같은 우리가 주님과 함께 십자가에서 죽은 뒤 부활의 생명으로 치환되어 빛의 자녀가 된 것과 흡사하지 않는가!

분석(coprolite)이라는 용어는 그리스어 kopros(배설물)와 lithos(암석)의 합성어로 1823년 버클랜드(W. Buckland)가 처음 사용한 단어이다. 염소 똥처럼 생긴 것부터 축구공이나 럭비공 모양까지 여러 가지 크기와 형태로 발견된다. 어떤 것은 손가락 크기의 구멍이 여러 개 숭숭 뚫려 있기도 한데 이는 공룡똥구리가 만든 것으로 생각되어 그 분석의 정체를 더 확실하게 증명해주기도 한다.

진화론자들은 공룡이 중생대인 6,500만 년 전에 멸종했고, 풀은 2천만 년 후인 4,500만 년 전에 출현했으니 공룡이 풀을 먹고 있는 그림은 잘못된 것이라고 주장하고 있다. 그러나 유감스럽게도 이런 주장은 다음의 두 가지 이유로 논리에 맞지 않는다.

첫째, 앞서 살펴본 것처럼 분석의 단면에서 발견되는 섬유질은 공룡시대에 이미 풀이 존재했음을 증명하고 있다. 둘째, 성경에도 풀은 셋째 날에, 공룡은 여섯째 날에 창조되었다고 밝히고 있어 공룡이 창조될 때 이미 풀이 존재했다는 것이다. 창조가 사실이면 모든 것은 상식적이어야 한다. 먹이도 없이 일단 만들어 놓고 보는 어설픈 창조자가 창조주의 자격이 있겠는가?

욥은 주님이 창조하신 거대하고 힘센 공룡, 즉 베헤못이 풀을 먹는 모습을 눈으로 보았다. 주님은 욥에게 초식공룡에 대해 실재(實在)적 교육을 해주시며, 성경을 보는 우리에게도 밝히 드러내신 것이다.

진화론자들의 주장이 증거가 없다는 것은 공룡의 분석 하나만으로도 여실히 드러난다. 똥에 지나지 않는 분석이 귀중하게 된 것은 그것이 보석으로 치환되었기 때문이 아니라 창조를 입증하는 도구로 쓰이기 때문이라고 생각해 본다. ❖

무수히 남아있는
문화 속 공룡의 흔적들

자축인묘진사오미신유술해.[*] 고대 중국 하왕조나 우리나라 통일신라시대부터 유래되었다고 하는 십이지(十二支)의 12가지 띠이다.

그런데 자세히 들여다보면 다른 동물들은 현재 모두 살아있지만 오직 용을 뜻하는 '진(辰)'은 그렇지 않다. 왜 그럴까? 십이지를 만든 그 당시 사람들이 무슨 이유로 용(龍)을 제외하고는 모두 우리 주변에서 흔히 볼 수 있는 동물들을 선택해 띠를 만들었을까?

'그래, 그 당시의 용은 다름 아닌 '공룡'이며 주변에서 흔히 볼 수 있었지만 지금은 어떤 원인으로 멸종되었을 뿐.'

여러 해 전, 공룡에 관한 자료들을 정리하다가 주님께서는 '십이지 띠'를 머리에 문득 떠오르게 하시고, 이렇게 명쾌하게 개념을 정리해 주셨다! 그 순간

---

[*] 자(子, 쥐), 축(丑, 소), 인(寅, 호랑이), 묘(卯, 토끼), 진(辰, 용), 사(巳, 뱀), 오(午, 말), 미(未, 양), 신(申, 원숭이), 유(酉, 닭), 술(戌, 개), 해(亥, 돼지).

마음속으로 얼마나 기뻤는지 모른다. 물론 다른 자료에도 소개되는 것이었지만 그때는 그것을 모르는 상태였기에 주님이 주신 깨달음으로 여겨 감사한 일이 기억난다.

■ 스테고사우루스와 한자 용(龍)의 비교

위의 사진을 보면 왼쪽은 스테고사우루스 모습이고 오른쪽은 마땅한 참고자료가 없어 직접 쓴 글씨 '용(龍)' 자인데 이 둘을 비교해보면 더욱 확실해진다. 이 글자의 오른쪽 부수에 3개의 가로획(파란색 원 부분)은 등에 삐죽삐죽 골판이 난 모습을 묘사한 것으로 볼 수 있다. 실제로 중국인들은 상형문자인 이 글자를 용의 등뼈로 이해하고 있다고 한다. 참고로 우리 동이족이 만든 한자에 창조와 대홍수를 비롯한 많은 성경 내용이 들어있는 것은 이미 밝혀진 사실이다.[**]

우리나라는 물론 세계 도처에서 발견되는 수많은 공룡의 흔적은 각종 화석뿐 아니라 '용'에 관한 전설이나 그림, 점토상 등으로도 전해 내려오는데, 그 중 몇 가지를 소개한다.

■ 아캄바로 지역에서 발굴된 공룡 점토상들

① 멕시코 아캄바로 지역에서는 추피쿠아로 문명(BC 800~AD 200) 사람들이 만든 것으로 약 3만 2

[**] 한자(漢字)에 관해 잘 알려지지 않은 두 가지 사실이 있는데, 먼저 한자는 중국에서 들어온 차용문자(借用文字)가 아니고 우리 선조가 만든 국자(國字)라는 것이다. 중국대문호 임어당과 왕위저, 장원 등 중국 사학자들, 그리고 이경재와 같은 대만 학자들이 증언하였다. 또 다른 하나는 창조신앙을 지닌 동이족이 구전으로 내려온 성경 내용을 한자에 반영하였다는 점이다(https://youtube/sbJCsl0 KVN4)

천여 점의 각종 점토 공룡 형상들이 발굴되어 박물관에 전시되고 있다. 공룡의 모습을 보지 않고는 결코 상상으로 만들 수 없는 인형들로 화석을 참고해 그린 그림보다 고증이 정확하다.

② 중국에서는 '용'을 잡아 그 새끼를 받아 길렀고, 특별한 행사 때 황실 전차를 끌게 했다는 마르코 폴로의 기록이 있다. 또한 중국에서 오래전부터 한약재로 사용해온 용골(龍骨)도 고비사막에서 채취한 공룡의 뼈로 밝혀졌다.

③ 캄보디아 앙코르와트 유적지에서도 공룡의 흔적이 발견되었다. 호주의 고고학자 데미안 에반스가 라이다(LiDAR, Light Detection And Ranging) 기법, 즉 '레이저를 이용한 레이더'로 오랫동안 정글 속에 묻힌 타 프롬(Ta Prohm) 사원을 찾아냈다. 이 유적은 앙코르와트에서 불과 5km 밖에 떨어지지 않는데, 약 830년 전에 건

▌큰 나무뿌리가 휘감고 있는 타 프롬 사원(위)과 이곳의 한 문에 조각된 스테고사우루스 형상

축되었다. 그런데 이곳에 진화론의 연대로 약 1억 년 전에 살았고 6,500만 년 전에 멸종되었다는 스테고사우루스가 현존하는 백조·앵무새·물소· 원숭이·사슴 등과 함께 생생하게 부조로 조각돼 있다(사진 참조). 오래전 이곳에 다녀왔지만 이런 귀한 정보를 알기 전이라 직접 확인하지 못해 무척 아쉬웠다. 그 외에도 내 고향 주변 마을 중에 용두리, 두룡리, 용반리, 쌍용리 등 '용'이 들어간 이름이 많은 것은 아마도 과거에 존재하던 공룡과 관련이 있을 것이다.

④ 프랑스의 지역 이름 네를룩(Nerluc)은 용을 죽인 장소를 기념해 붙여진 도시 이름인데 이 동물은 황소보다 크고 머리에 길고 날카로운 뿔이 있었다고 한다. 아마도 머리에 뿔이 세 개 달린 트리케라톱스라는 초식공룡일 가능성이 높다.

⑤ 율리시스 알드로반더스(U. Aldrovandus)라는 과학자는 이탈리아 북부에서 목격된 작은 용(dragon)에 대해 세밀하게 묘사해 놓았다(1572). 한 농부가 지팡이로 희귀한 동물의 머리를 때려 즉사하자 그 시체를 가져와 크기를 재고 세밀하게 그림을 그려 박물관에 전시하기까지 하였다.

이밖에도 너무나 많은 증거들이 있다.*** 하지만 이 정도만 살펴보아도 멀지 않은 과거에 하나님의 창조물인 공룡이 우리 인간과 함께 살았었다는 충분한 증거가 될 것이다. 증거가 너무나 많은데도 굳이 기존의 학설을 고집한다면 그것은 더 이상 과학이 아닌 종교에 가까운 것이다. ❖

*** 최근 공룡 화석(뼈)에서 연부 조직과 단백질, 적혈구, DNA 등이 발견되었다.

공룡에 대한
뿌리 깊은 오해들

현재 여러 학문 분야 중에서 지질학(지구과학)과 생물학은 수학에 비해 많이 왜곡돼 있다. 물론 진화론의 영향이다. 거의 모든 국내 과학관이나 박물관 전시 자료들을 보면 우주와 지구의 탄생뿐만 아니라 지구상의 동식물 출현에 관해 온통 진화론이라는 허황된 이론으로 도배가 되어 있다.

이는 공룡에 관해서도 마찬가지이다. 몇 가지 오해를 풀어보고자 한다.

티라노사우루스는 정말 난폭하게 사람을 공격했을까?

공룡 중에서 가장 유명한 티라노사우루스(T. Rex)는 1933년 영화 〈킹콩〉에도 등장하는데, 〈쥬라기공원〉의 엔딩을 장식하는 주역으로 등장한다.

이 영화는 호박 속에 갇힌 모기 화석에서 추출한 공룡의 피, 즉 모기가 빨았다가 호박에 갇혀 그대로 보존된 피를 이용해 공룡을 복원하는 것으로 시작한다. 육식공룡 티라노사우루스가 잔인하게 인간을 공격하는 충격적인 컴퓨터 그래픽 장면들이 지금도 기억에 남아있다.

❚ 여수 사도에 있는 티라노사우루스 모형

그러나 실제로 티라노사우루스 화석을 보면 앞다리가 짧아 다른 공룡을 힘 있게 움켜쥐거나 가격할 수도, 큰 먹잇감을 입으로 가져갈 수도 없어 보인다. 그보다는 튼튼한 뒷다리로 오리처럼 뒤뚱거리면서 식물이나 죽은 고기를 먹었을 것으로 추정된다. 더구나 치아는 턱뼈에 깊게 박혀있지 않고 약해서 초식공룡을 쉽게 공격할 수도 없었을 것이다(사진 참조).

현재 대부분의 동물은 날카로운 치아를 각종 단단한 열매의 껍질을 벗기거나 식물을 자르는 데 사용하고 있다. 예를 들어 판다는 대나무 잎사귀를 먹는 데 날카로운 이빨을 사용하며 사슴벌레의 긴 뿔도 싸우기 위한 무기라기보다는 나무를 자르거나 옮기는 용도라고 한다. 육식을 위해 진화한 것이 아니다.

창조주 하나님은 우리 인간에게 만물을 다스릴 수 있는 권한을 부여하셨고(창 1:28), 더구나 대홍수 이후에는 인간에게 육식을 허용하시면서 지구상의 모든 짐승이 사람을 두려워하며 무서워하게 하셨다(창 9:2). 그래서 영화에서처럼 티라노사우루스는 잔인하게 사람을 공격하지는 않았을 것으로 쉽게 짐작할 수 있다.

모든 공룡은 몸집이 거대했을까?

어떤 회사가 필요 이상으로 방만하게 커졌을 때 흔히 '공룡처럼' 비대해졌다면서 '공룡기업'이라고 말한다. 공룡이라는 말을 들으면 이처럼 커다란 몸집이 연상된다.* 그러나 '지진 도마뱀'이라는 뜻의 세이스모사우루스처럼 길이 50m에 100톤이나 되는 거대한 녀석부터 콤프소그나투스처럼 칠면조 크기까지 무척 다양하다. 발자국 화석의 크기를 보아도 직경이 1m 넘는 것부터 1.3cm까지 다양하기 때문에 모두 거대하다는 생각은 잘못된 것이다.

공룡들은 책에 묘사되는 것과 똑같이 생겼을까?

인류의 진화 증거로 내세우는 유인원, 예를 들어 자바인이나 네안데르탈인 등은 진화론자들이 모두 화가들을 동원해 자신들이 원하는 모습을 상상해서 그린 것에 불과하다. 하나같이 거짓이거나 잘못된 추측으로 밝혀졌다. 어떤 것은 뼈조각 하나를 가지고 마치 전체 모습을 관찰한 후에 그린 것처럼 상상도를 제작했다(예 : 자바인, 네브라스카인 등).

만일 선생님이 학생들에게 어떤 동물의 머리뼈 일부를 보여주고 그 얼굴을 그려보는 숙제를 냈다고 하자. 아마 예상을 초월한 기발한 그림들로 가득할

---

* 온혈동물처럼 호흡기 계통에 비갑개(鼻甲介, turbinate)가 없으므로 공룡을 냉혈동물로 분류한다. 따라서 파충류와 같은 냉혈동물인 공룡은 노아 대홍수 이전 아열대 기후 조건에서 크게 성장하였을 것으로 추측하지만 진화론자들은 공룡을 새(온혈동물)의 조상으로 보기 때문에 온혈동물임을 강조한다.

것이다. 화가의 주관으로 그린 공룡도 마찬가지여서 책에 인쇄된 공룡 모습은 실제와 완전히 다를 수밖에 없을 것이다.

　공룡에 관한 자료는 진화론자들이 막아 놓지만 않으면 금세 매스컴에 공개돼 만천하에 그 진실이 드러날 수 있을 정도로 다양하다. 하지만 이렇게 하면 공룡의 신비가 사라지기 때문에 장사가 되지 않아 모든 박람회나 도서, 방송국 등이 이미 알면서도 일반인에게 알리려고 하지 않는 경우가 많다. 그간 공룡으로 연구비를 받고 명성을 얻어 온 고고학자와 과학자들은 또 어떤가? 한마디로 밥줄 끊길 사람이 많다는 것이다.

　그러나 공룡이 우리 인간과 함께 창조되고 같은 시기에 살았다는 것이 더욱 큰 신비 아닌가! 사람들의 귀를 막고 눈을 가려도 진실은 죽지 않는다. 거짓 과학을 물리치고 진실에 눈 뜨는 사람만이 진리 되신 창조주 하나님을 알아 참된 자유를 맛보게 될 것이다.

또 너희가 진리를 알리니 진리가 너희를 자유롭게 하리라, 하시니라 (요 8:32) ❖

공룡들의
단체 무도장이 있었다고?

물들이 불어서 십오 큐빗 위로 오르매 산들이 덮이고 땅 위에서 움직이던 모든 육체
가 죽었으니 곧 날짐승과 가축과 짐승과 땅에서 기는 모든 기는 것과 모든 사람이
라. (창 7:20~21)

세계 3대 공룡 화석지는 미국 콜로라도, 아르헨티나 서부 해안, 그리고 우
리나라의 경남 고성 상족암이다. 책상다리 모양의 바위라는 뜻을 지닌 상족
암(床足岩)은 서너 차례 탐사여행을 했지만, 갈 때마다 창조의 증거가 풍부해
기쁘면서도 한편으로는 안내 표지판과 박물관의 설명이 모두 진화론적 관점
이라 마음이 무거워지곤 했다.

상족암에서 제전마을로 가는 중간 지점에 있는 촛대바위 맞은편에 수많은
공룡 발자국이 무질서하게 화석으로 남아있는 '공란층(恐亂層, bioturbation)'
이 있다. 진화론자들은 이곳이 공룡 여러 마리가 뛰어 논 공간, 심지어 춤을

▌수많은 발자국이 동시에 찍힌 공룡 화석지(공란층)

추어 파괴된 지층구조로 설명하고 있다. 다시 말하면 과거 공룡의 무도장(?)이라는 것이다. 과연 이런 설명이 맞을까? 대체 공룡에게 무슨 신나는 일이 있었기에 하필 전 세계에서 몇 군데 밖에 없는 이런 곳에서 춤을 추며 놀았단 말인가!

이 같은 설명은 전혀 근거가 없다. 오히려 성경에 기록된 것처럼 노아의 대홍수를 피해 그들이 도망하다가 더 이상 갈 곳이 없어서 우왕좌왕했을 때 생긴 것으로 여겨진다. 그런데 이곳을 자세히 살펴보면 공룡이 꼬리를 바닥에 끈 흔적이 하나도 없어 꼬리를 치켜들고 걸어다녔을 것으로 생각된다.

이런 대재난의 풍경을 뒷받침해주는 증거가 또 있는데, 세계 어디서나 모두 한쪽 방향으로 나있는 공룡 발자국의 행렬이다. 예를 들어 중국과 경남 고성에 있는 각각 4천여 개와 400여 개의 발자국 행렬도 그렇다. 진화론자들은 공룡이 물을 먹기 위해 이동한 흔적이라고 설명한다. 공룡의 식수원인 약수터라도 있었기에 한 곳으로 줄을 지어 갔을까? 물을 마셨다면 왜 되돌아오는 발자국은 없을까? 이족보행이나 사족보행이나 모두 한 방향으로 걸어간 발자국만 있을까?

이런 의문에 그들은 묵묵부답이지만 우리는 바로 노아의 대홍수를 피해 더 안전한 곳으로 이동하는 중에 찍힌 발자국이라고 자신 있게 말할 수 있다. 그들이 통과한 후 긴 시간이 지나지 않아 저탁류가 덮쳤을 테지만….

약 7년 전, 오랜 시간 공룡 탐구와 수많은 논문 발표로 유명한 세계적인 공룡박사를 한 연구소에서 만난 적이 있다. "의사가 어떻게 공룡에 관심을 갖게 되었습니까?" 하고 질문하셨다. "공룡이 성경에 기록되었기 때문입니다."라고 대답하자 그분은 "나는 성경에는 관심이 없습니다." 하며 요즘 발굴한 공룡이 '암컷인지 아니면 수컷인지'에 대해 연구하는 중이란다.* 집으로 돌아오는 길에 그 박사님을 생각하면서 몇 가지 떠오르는 것이 있었다.

'믿음이란 주님의 선물이구나.' (갈 2:20)

'주님이 주신 믿음을 가지게 될 때, 즉 믿게 될 때 비로소 주님을 인격적으로 만나 삶이 변하고 선한 열매를 맺게 되는구나.'

창조물인 공룡에는 크게 집착하면서 그것이 기록된 성경에는 관심이 없는 모습을 보니, 생일 선물로 장난감을 사다준 아빠는 안중에도 없고 오직 장난감에만 정신이 팔린 아이처럼 여겨졌다. 그 공룡 박사님이 지닌 세계관(世界觀)이 그의 마음과 행동양식을 지배하기 때문일 것이다.

---

* 공룡의 암수 구별은 악어(crocodile)처럼 미추 1번과 2번 사이에 있는 쉐브론(chevron, 혈관궁)이란 뼈로 하는데, 이것이 있으면 수컷, 없으면 암컷으로 구분하기도 한다.

사람은 자신이 지닌 진화론 혹은 창조론이라는 색안경으로 사물을 바라보고 판단하기 때문에 매사에 전혀 다른 결론을 내리는데, 이것이 바로 세계관(world view)이다. 따라서 어릴 때부터 올바른 창조론적 세계관을 심어주는 것이 중요하다. 하지만 우리 자녀들이 배우는 교과서는 오직 진화론적인 세계관만이 과학이라는 이름으로 포장되어 있어서 무신론자와 진화론자만을 양산하는 현실이 안타까울 뿐이다.

이처럼 아무리 유명해도 진화론 진영의 지질학자나 생물학자들은 끝내 답을 알 수 없기 때문에 그들의 학문은 안개 속을 헤맬 수밖에 없다. 그러나 우리는 창조자이시며 모든 사건의 원인이신 주님이 기록한 성경을 통해 아주 쉽게 이런 학문을 이해할 수 있게 된다. 따라서 하나님이 주신 무기 '성경(Bible)'을 지니고 왜곡된 과학으로 심히 오염된 세상을 바로 잡는 일은 먼저 진리를 깨달은 자들의 몫이 아닐까 싶다. 진리를 소유한 특권과 함께 그것을 알릴 책임도 있다고 믿는다. ❖

진화론의
공룡 멸종 시나리오

이번에는 학계에서 지금도 풀리지 않고 미스터리로 남아 있는 공룡의 멸종 원인을 알아보자. 공룡은 어떤 이유로 멸종되었을까? 전 세계에 수많은 발자취만 남기고 지금은 왜 보이지 않을까? 그 원인으로 지금까지 약 50~60가지 이론이 제시되었는데 중요한 몇 가지를 살펴보면 다음과 같다.

먼저 주류 학설은 앞에서 잠깐 언급한 '운석 충돌설'이다. 1978년 미국 캘리포니아 주립대학 알바레스 팀이 이탈리아 구비노 지역에서 중생대 백악기 (K)*와 신생대 제3기(T)** 지층의 경계, 이른바 'K-T 경계'***를 조사했다. 이들은 운석에 많이 포함된 원소인 이리듐이 이곳에 정상보다 30배나 많이 들어 있음을 확인하고 다음과 같이 추측했다.

* K = Kreta, 그리스어로 '백묵'
** T = Tertiary, '세 번째'라는 뜻
*** 어떤 창조과학자는 이 경계를 노아 대홍수 때, 모든 동물이 익사한 홍수 수위 최고점으로 여기기도 함

① 직경 약 10km 크기의 운석이 지구에 떨어져 1cm 정도 두께의 K-T 경계층을 형성함

② 이 운석은 시속 10만km 속도로 멕시코 유카탄반도 북서쪽 해안에 떨어져 직경 180km의 분화구를 만들고, 반경 400~500km 일대를 초토화시킴

③ 이에 충격을 받은 지구는 지진과 화산 폭발을 일으켰고, 이때 생긴 먼지가 지구를 약 3개월간 덮어 핵겨울을 초래하고, 강한 산성비가 내려 공룡이 멸종함

하지만 이 억지로 만든 시나리오에는 문제점이 많다. 먼저 온도 변화에 민감한 악어나 거북 같은 파충류는 현재까지 살아 있고 왜 공룡만 멸종됐느냐는 것이다. K-T 경계보다 나중에 생긴 지층에서 공룡이 살아남은 분명한 증거들도 있는데 그건 어떻게 설명할 것인가.

또한 이리듐이라는 물질은 지구 마그마 속에도 많이 포함되어 있으므로 노아의 홍수 같은 대격변으로도 이리듐이 풍부한 K-T 경계가 만들어질 수 있다. 마지막으로 멕시코 유카탄반도에 운석충돌로 생겼다는 칙술루브 크레이터(chicxulub crater)가 운석의 흔적이 아닌 화산 분화구라는 추측도 나오고 있으니 문제점이 한둘이 아니다.

둘째는 곤충에 의한 멸종설이 있다. 이것은 비교적 최근에 제기된 이론이다. 학자들은 공룡의 똥 화석(분석)과 호박 속에 갇힌 곤충의 소화관에서 발견된 여러 가지 기생충과 병원균이 만성 전염병을 일으켜 서서히 공룡이 멸종되었을 것이라고 주장한다. 그러나 이런 이론도 왜 하필 공룡만 갑자기 멸종시켰는지 설명하지 못하고 있다.

그 외에도 화산 활동설, 초신성 폭발설, 빙하기 재난설, 공룡 배설물에 함

유된 메테인 가스로 인한 멸종설, 설치류 같은 포유동물의 공룡 알 섭취로 인한 멸종설, 소뇌 퇴화설, 과체중으로 인한 하체 뼈 탈골설, 식성 변화로 인한 변비설, 공룡 과다 스트레스설 등등에 심지어 공룡 자살설까지 제기되었지만 모두 납득할 만한 수준조차 안 되는 것들이다. 이처럼 다양한 원인들이 열거되고 있다는 사실 자체가 정답을 모른다는 뜻도 포함된 것이 아니겠는가!

우리나라 어느 공룡 권위자가 쓴 책에서 저자는 "6,500만 년 전에 멸종이 일어난 원인을 찾는 것은 목격자도 없이 살인범을 찾는 것과 같다."라고 주장했다. 이런 주장은 오랜 연대를 제외하고는 적절한 비유라고 생각된다. 지구와 그 안에 사는 모든 생명체의 '창조자'이면서 동시에 '목격자'이신 하나님께서 친히 기록한 '성경'을 인정하지 않고서는 멸종 원인을 알 수 없기 때문이다.

멸종은 성경에 기록된 노아의 대홍수 사건만이 그 이유를 가장 잘 설명해 주고 있다. 한 예로 미국 유타 주 국립공룡유적지에서는 약 천 여 점의 각종 공룡 뼈들이 절단된 채 화석이 되어 공룡무덤(dinosaur graveyard)이라 불리는 곳이 있다. 노아의 대홍수에 의해 희생된 수많은 공룡들이 거대한 물의 힘에 의해 이곳으로 운반되어 무더기로 화석이 되었을 것으로 추정한다.

결론적으로 홍수 이전에 이상적인 아열대 기후에서 크게 번성했던 공룡들이 노아의 방주를 탔던 녀석들을 제외하고는 모두 홍수로 죽고 일부는 화석이 되었을 것이다. 홍수 후에 방주에서 나와 번식했던 공룡들도 변화된 기후에 적응하지 못하거나 줄어든 먹이 때문에 점차 죽고,**** 생존한 공룡 일부는

**** 홍수 전에는 바다보다 육지 면적이 더 넓었고 대기중 산소(30%)와 이산화탄소 비율(현재의 3~7배)도 높았기 때문에 식물이 잘 자라 공룡도 크게 번식했을 것이다. 홍수 후 방주에서 나온 공룡들은 빙하기 때 강수량이 많은 적도지방에서 역시 번성하였지만 빙하기가 끝나자 가뭄(창 12:1, 창 26:1) 등 갑작스런 기후 변화로 적응이 어렵고 냉혈동물이므로 더욱 생존하기 힘들었을 것이다.

인간의 사냥에 의해 개체수가 더 많이 감소되었을 것이다.

그러나 최근까지도 극소수가 세계 여러 나라의 큰 호수에서, 아마존과 아프리카의 거대한 밀림 지역 등에서 살아남았을 것이다. 실제로 콩고 밀림에서 모켈레 므벰베(Mokele Mbembe)[*****]라는 동물을 목격한 사람들이 생존해 있다. 따라서 공룡은 오늘날까지도 살아 있었고, 진화론자들이 말하는 엉뚱한 이유로 멸종을 맞은 것은 전혀 아니라는 것이 과학적인 결론이다. ❖

[*****] '강물의 흐름을 막다'라는 뜻. 1993년 폰 스타인이 이끄는 탐험대가 콩고 지역 주민들이 목격하고 이름 붙인 동물의 증언을 확인하기 위해 탐사했으나 발견하지는 못하고 증언을 바탕으로 그림을 그렸는데, 강물을 막을 정도로 거대한 포유류와 파충류 형태였다.

공룡과 사람 발자국의
행렬을 보면서

나라를 온통 충격에 빠트린 세월호 침몰 사건이 발생하고 나서 열흘 정도 지났을 즈음이다. 경남 고성과 남해 공룡 화석지 사전 답사를 위해 아내와 함께 집을 나섰다. 3년 전에도 전주시의사회 회원과 가족 약 90여 명을 모시고 고성 공룡탐사여행을 안내했던 경험이 있어서 한 달 후에 두 번째 진행될 탐방행사를 위해서였다.

특히 이번에 탐방지로 새로 선정된 남해 가인리는 '공룡은 인간과 함께 살았던 동물이다'편에서 언급한 곳이다. 이곳은 약 4m² 크기의 암석에 사람과 공룡 발자국이 공존하기 때문에 공룡과 사람이 같은 시대에 살지 않았다는 진화론을 한 방에 무력화시킬 수 있는 확실하고도 소중한 화석지인 것이다.

출발 전날 문화재청의 실무자 한 분과 통화해 여기에 관한 두 가지 소중한 정보를 얻었다. 지난해 태풍 여파로 절반 정도가 토사로 뒤덮여 상황이 나쁘다는 것, 그러나 화석지에서 멀지 않는 곳에 아직 일반인에게 공개되지 않은

MAN TRACK *INSIDE & CROSSING* A DINOSAUR TRACK
EXCAVATED JULY 3, 1997, DIRECTED BY Dr. CARL BAUGH'S EXCAVATION
PALUXY RIVERBED, GLEN ROSE TEXAS.
This is a 9¾" *(female, homo sapien)* Human Footprint
embedded 4" deep within a Theropod *(T-rex type)* track.

Cretaceous Limestone - assigned age, 140-102 Million Years !?

As Mary Leakey did while studying the Laetoli footprints in Tanzania (1978), sand was used to fill and highlight this footprint within the dinosaur track for immediate, *in-situ*, photographic study.

▌미국 텍사스 팔룩시 지역, 노란 선으로 표시한 공룡 발자국 안에 수평으로 찍힌 사람 발자국이 선명하다.

새로운 새발자국 화석이 있다는 것이다.

그런데 그분과 이야기를 나누면서 알아낸 더 중요한 사실은 사람 발자국을 익룡의 발자국으로 새롭게 해석하고 있다는 점이었다. 기가 찰 노릇이다. 그나마 '사람 발 모양의 특수 용각류'로 안내하는 문구는 얼마 안 있어 '익룡의 발자국'으로 바뀔 것이 뻔하다. 진화론자들이 자신들의 이론을 그들에게 유리한 방향으로 계속 진화(?)시키는 모습에 또 한 번 마음이 무거워졌다.

미국 텍사스 로스 글렌의 팔룩시 강둑에도 사람과 공룡 발자국이 동시에 존재한다(사진 참조). 1982~1998년 사이에 발굴된 육식공룡 아크로칸토사우루스 발자국(노란색 표시 부분) 위에 사람 발자국이 선명하게 찍혀 있다. 왼발, 오른발이 교대로 나 있는 9개의 보행 자국 중 다섯 번째가 왼쪽 발자국(약 25cm)인데 달라스 법의학자에 의하면 발바닥 폭에 비해 발뒤꿈치 폭이 좁은 것으로 보아 여성의 발자국이라고 한다. 지금 여성들의 발을 생각해도 25cm 정도면 일리가 있는 분석 같다.

화석으로 남아있는 발자국에는 몇 가지 특징이 있다.

첫째, 사람이든 공룡이든 모든 보행렬이 직선으로 되어 있다. 우왕좌왕한 흔적인 공란층을 제외한다면 말이다. 그런 직선 형태는 어떤 거대한 사건으로부터 도망하는 것을 의미하는데, 정상적으로 생활하는 동물들이 눈밭에 남긴 발자국들을 상상해보라. 모두 무질서하고 어지럽게 흩어진 발자국을 남길 것이며 화석에 존재하는 직선 형태와는 전혀 다름을 알 수가 있을 것이다.

둘째, 어린 공룡의 발자국은 거의 없다는 점이다. 정상적인 환경에서는 아기나 어린 동물 발자국이 많다. 예를 들어 사파리 장소로 널리 알려진 케냐 암보셀리 국립공원의 코끼리 발자국은 절반이 아기코끼리의 것이라고 한다. 이것으로 미루어 노아의 홍수와 같은 대격변 상황에서는 걸음걸이가 느린 어린 새끼들은 멀리 도망갈 수 없어서 발자국을 남기지 못했을 것이다.

오전 11시경 고성에 도착한 우리는 약 2시간가량 덕명리 해안을 따라 사층리와 우흔, 연흔 등 퇴적구조물과 공룡 발자국을 살펴보았다.

이제 다리도 뻐근하고 배가 고파 시계를 보니 벌써 점심시간이 한참 지난 것이다. 삼천포 어시장에서 점심을 먹자는 아내의 말에 그곳으로 차를 몰아 현대식으로 탈바꿈한 커다란 어시장에 들어서자 각종 어패류가 양쪽으로 진열되어 손님을 맞이하고 있었다. 잠시 구경하다가 어느 가게에서 돔과 해삼, 멍게가 가득 담긴 회 한 접시를 주문해 둘이서 뚝딱 비우고는 4시 넘어 남해 가인리에 도착했다.

목적지는 세심사라는 절에서 약 100m쯤 해변을 따라가면 나타난다. 예상했던 대로 토사가 화석 바위 절반을 덮고 있어 마음이 아팠지만 그나마 다행이었다. 손가락으로 발자국들을 만져보니 대홍수 때 방주를 거부한 사람들과 탑승하지 못한 공룡들이 겪었을 절박함이 손끝에 어렴풋이 전해져 가슴이 아려왔다!

지금도 그때와 똑같다. 주님은 불 심판을 앞두고 은혜의 시대를 계속 연장하며 문을 닫기 직전에 사람들을 계속 부르신다. 방주보다 훨씬 큰 문이 모두 앞에 있다. 그런데도 수많은 사람들은 진화론만을 붙잡고 구원의 방주 되신 예수님을 외면한 채 살아가고 있다니….

우리는 보물찾기 게임하듯 여기저기에서 새 발자국 화석을 찾다가 약 30m 떨어진 곳에서 드디어 발견! 세계에서 가장 오래된 것으로 알려진 물갈퀴 있는 새(학명: Ignotornis yangi) 발자국 화석을 직접 찾아낸 기쁨이란…! 어떤 것은 물갈퀴와 네 발가락까지 보존 상태가 양호했지만 대부분 풍화작용으로 많이 손상돼 있었다.

여기서 30분가량 여러 종류의 화석을 확인하면서 유익한 시간을 보내고는 어둠이 몰려오기 전에 차에 올랐다. 얼마 후 조수석에서 스르르 잠든 아내의 평온한 얼굴을 가끔씩 쳐다보면서 행여 깰세라 평소보다 부드럽게 액셀을 밟았다. 그리고 오늘 일정을 지켜주신 주님께 감사 기도를 나직하게 드렸다. ❖

공룡 알 화석,
진품과 짝퉁이 주는 교훈

　꼭 필요한 화석을 구입하기 위해 당직이 아닌 토요일 새벽, 영월화석박물관으로 차를 몰았다. 무더위가 기승을 부리는 여름, 속도를 내어 약 세 시간을 달리자 차창 밖으로 강원도 옥수수 밭이 자주 눈에 띄었다. 주천강을 따라 좀 더 들어가니 목적지 주변에 다다른 것 같았다. 강에는 여기저기 낚시를 하거나 다슬기를 잡는 사람들이 보였는데 이 주천강(酒泉江)의 이름에 얽힌 재미있는 전설이 있다.

　옛날 주천면 지역에 술(酒)이 솟는 바위샘이 있었는데, 양반이 잔을 들이대면 청주(淸酒)가, 천민이 잔을 들이대면 탁주(濁酒)가 솟았다고 한다.

　어느 날 한 천민이 양반 복장을 하고 잔을 들이대며 청주를 기대했지만, 바위샘은 이를 알아채고 탁주를 쏟아냈다고. 그래서 화가 잔뜩 난 그 천민이 바위를 부숴버리자 그 후부터는 술 대신 맑은 물만 흘러나와 강을 이루었다는 것이다.

■ 공룡 알 화석 진품(왼쪽)과 모조품

　주차장에 차를 세우고 박물관 안으로 들어서자 관장님이 반갑게 맞아 주시고, 서양화가인 사모님은 시원한 과일을 한 쟁반 내놓으셨다.

　더위를 식힌 다음 내부를 둘러보자 1년 전에 왔을 때와는 다른 화석들이 보였는데, 그 중에서 두 개의 공룡 알 화석에 마음을 빼앗겼다. 관장님도 내 의중을 아셨는지 크기와 모양이 거의 똑같이 생긴 두 개의 화석에 대해 자세히 설명해 주셨다.

　하나는 중국에서 발굴한 진품이고 다른 하나는 모조품(위조품)인데, 모르고 보았다면 구별이 안 될 정도로 매우 정교하게 만들어진 짝퉁(?)의 모양새에 감탄하지 않을 수 없었다. 홍익대 미술 전공자에게 부탁하여 특별히 만들었다는 모조품에는 진품에서 벗겨진 검푸른 알껍데기가 단단하게 붙어 있었다 (사진 참조). 관장님 덕분에 이번에도 저렴한 가격에 구입해 기분 좋게 집으로 돌아왔다.

　두 화석의 내부는 어떤 차이가 있는지 무척 궁금하여 며칠 후 잘 아는 영상의학과 원장님에게 자초지종을 설명하자 무료로 CT 촬영을 해주겠다고 하셨다. 마치 아기를 다루듯 조심스럽게 촬영 침대에 이들을 올려놓고 1mm 간격으로 촘촘하게 찍어보았다. 예상대로 모조품은 전반적으로 2~3mm 크기의 검은 반점들이 들어차 있었지만 진품은 전혀 없어 분명한 차이가 있었다. 참고로 육식공룡 알은 타원형이지만 초식공룡 알은 사진에서처럼 원형이다. 새 의 알도 육식공룡처럼 타원형이므로 진화론자들은 육식공룡이 진화하여 새가 되었다는 주장을 하기도 한다.

이와 같은 두 개의 공룡 알처럼 이 세상에는 중요한 두 가지 세계관이 있다. 하나는 창조론으로 사실은 '창조진리'이며 다른 하나는 진화론으로 사실은 '진화가설'이다. 하나만 진짜이고 다른 것은 가짜이다. 불교의 「반야심경」에 나오는 '색즉시공(色卽是空) 공즉시색(空卽是色)', 즉 '보인다 해서 있는 것이 아니고, 안 보인다 해서 없는 것이 아니다'라는 식의 모호한 개념은 진리를 왜곡시키는 불가지론 같은 것이다.

유감스럽게도 우리가 보는 성경도 두 가지가 있다. 즉 이 세상에는 수백 가지 성경 번역본이 있는데 미국에만도 200여 가지나 있고, 우리나라에도 수십 종이 있다. 그러나 이렇게 많은 성경도 크게 분류해보면 오직 두 가지 계열, 즉 하나님께서 온전하게 보존해주신 킹제임스 성경(KJB, 흠정역) 계열과 나머지 모든 역본(NIV, Living Bible, 개역한글, 개역개정, 현대인의성경, 공동번역, 쉬운성경 등)으로 나뉜다. 후자는 로마 카톨릭 관련자들에 의해 변개된 소수사본과 비평 본문을 바탕으로 번역된 성경들이다.[*]

---

[*] 성경이 우리 손에 들어오기까지 〈자필원본 → 사본 → 본문 → 번역본〉이라는 과정을 겪었는데 바른 성경은 이 모든 과정을 하나님이 관여하셔서 온전하게 보존된 반면, 적그리스도 세력들은 부패된 사본(바티칸사본, 시내사본 = 콘스탄틴 황제의 명령으로 유세비우스가 필사한 것으로 추정)과 부패된 본문(비평본문 = 영국의 웨스트코트와 호르트 박사에 의해 널리 보급)을 사용하여 부패된 역본들을 널리 보급시켜 오늘날에 이름

진리는 하나이다. 그런데 두 개의 공룡 알처럼 가짜를 분별하기는 쉽지 않다. 어떤 때는 가짜가 더 진짜 같기도 하다. 진화론은 하나의 가설인데도 학문이라는 미명하에 진리의 자리를 넘보며 사람들을 속인다.

우리 주변에는 늘 진짜와 가짜가 공존한다. 부디 모든 성도들이 이들 가운데 진짜를 잘 구별하여 영·혼·육이 건강한 삶을 누리게 되길 간절히 바랄뿐이다.

하나님의 모든 말씀은 순수하며 그분은 자신을 신뢰하는 자들에게 방패가 되시느니라. 너는 그분의 말씀들에 더하지 말라. 그분께서 너를 책망하실 터인즉 네가 거짓 말쟁이로 드러날까 염려하노라. (잠 30:5~6) ❖

공룡 위석(胃石)을 통해 본
동물의 지혜

지금으로부터 약 2천 년 전인 AD 42년, 기마민족 스키타이(스구디아, 골 3:11) 후손인 김수로왕은 가야국 왕위에 올랐다. 신하들의 황후 간택을 거절한 채 6년 동안 혼자 지내고 있었다. 이제 6년이 지난 AD 48년 7월 27일(음력) 인도에서 아주 특별한 배 한 척이 김해에 도착했다. 지금은 평야로 변했지만 그 당시 김해는 국제적인 항구도시였고 바다 실크로드의 종점이었다고 한다. 인도 야유타 왕국 공주 허황옥(許黃玉)이 약 3개월의 항해를 마치고 드디어 김수로왕과 혼인을 하게 된 것이다. 공주의 부모에게 동시에 나타난 상제(上帝, 하나님)께서 '동방의 나라 가야국으로 딸을 시집보내라'고 했기 때문이었다고 한다. 그런데 놀랍게도 두 사람의 결혼 중매는 사도 도마가 했다는 것이다.[*]

[*] 도마가 한국(가야)에 복음을 전했다는 증거는 많은데 대표적인 것이 경북 영주시 평은면 강동리에 있는 도마 석상이다. 이 석상 왼쪽 어깨 근처에는 히브리어 두 글자와 기도하는 손, 사람 등 네 글자가 음각으로 새겨져 있는데 이것을 번역하면 '도마는 기도하는 사람'이란 뜻이다. 또한 석상 오른쪽 하방에는 예서체로 '地全行' 즉 '온 땅을 다닌다'는 의미의 한자가 새겨져 있다. 필자도 두 번이나 답사를 하였지만 내려온 전설이나 객관적 사료들을 통해 학자들이 내린 결론은 사도 도마가 AD 42년경 가야에 배를 타고 왔으며 가야국 건설에 깊이 관여했다는 것이다. 더 자세한 내용은 http:// blog. naver.com/story4006 참조

■ 제2의 어금니라 불리는 초식공룡의 위석

　처음에 공주의 오빠와 함께 15명을 태운 배가 인도에서 출발하자마자 갑자기 높은 파도를 만났다. 이에 일행은 되돌아가 파도를 일으킨 신의 노여움을 잠재우고 무게 중심을 잡을 무거운 돌들을 싣고 재차 항해에 나서 무사히 김해에 도착한 것이다. 그런데 나중에 불교도들이 이 돌들을 파사석탑**으로 둔갑시켜 지금까지 보존되고 있지만 불교는 사실 그때로부터 수백 년 후에 전래되었다.

　삼국유사 가락국기에 의하면, 수로왕은 허황후가 타고 온 배를 돌려보내면서 뱃사공에게 각각 쌀 10섬과 비단 30필을 주어 보냈다. 모두 300가마의 쌀과 450필의 비단을 실을 만큼 큰 배였다는 것을 짐작할 수 있다. 이 선물들은 돌을 대신해 무게 중심을 잡는 데도 도움이 되었을 것이다. 이런 역사적

** 婆娑石塔. 경남 문화재자료 제 227호. 27호. '파사'는 한자에 의미가 있는 것이 아니라 음가로 만든 말. 산스크리트어로 바사(bhasa). '바'와 '사'는 유(有)와 체(諦)를 이르는데, 진실한 도리가 있다는 의미이다. 가야국 역사를 오랫동안 연구한 조국현 박사는 '바사(파사)'는 '페르시아'를 의미하며 AD 635년에 중국 당나라에 들어온 기독교도 페르시아 지방에서 들어왔다고 해서 처음에 당 태종은 '파사(페르시아)교'라고 하였고 나중에 '대진(로마)교', '경교'로 바뀌었다고 함

인 내용을 증명하는 유물들(오병이어, 양을 안고 있는 상 등등)이 고분에서 많이 발견되었다. 과거에 이용했던 그 바닷길을 실증하기 위해 선장 출신의 양택석 선교사는 인도에서 김해까지 직접 배를 타고 답사한 다음 AD 48년 5월~7월 29일(음력)까지 해류를 이용해 항해가 가능함을 보고하기도 했다.

허황후가 타고 온 배처럼 어떤 동물은 돌을 삼켜서 몸의 균형을 유지하거나 음식물을 잘게 부수고 소화시키는 데 사용한다. 악어의 경우, 돌을 삼켜 일부는 새의 모래주머니처럼 음식을 잘게 부수는 데 사용하고, 몸무게의 약 1%에 달하는 나머지 돌로 수영할 때 균형을 유지한다고 한다. 악어에게 하나님이 이런 지혜를 주시지 않으셨다면 악어는 음식물을 소화시키는 데 어려움이 있었을 것이고, 기다란 몸의 균형을 잡지 못하여 먹이 사냥 활동에도 많은 제약이 따랐을 것이다.

닭에게도 사낭(砂囊)이라는 모래주머니가 있는데 흔히 쫄깃한 식감에 콜라겐이 풍부한 '닭똥집'은 이것을 말한다. 사낭은 식도하방 모이주머니를 지나 소화선(消化腺)이 많은 전위***와 연결되어 있다. 이처럼 닭도 치아와 위산이 없기 때문에 힘줄과 근육이 발달한 모래주머니에 곡류나 딱딱한 음식물을 넣고 잘게 부수어 소화를 시킨다. 그래서 닭을 사육할 때는 모이와 함께 모래도 같이 공급해야 한다.

초식공룡이 삼킨 돌(위석)도 위(胃)에서 소화를 돕는 기능을 했을 것이다. 공룡이 남긴 화석은 여러 가지가 있는데 뼈(bone)와 치아(teeth), 알(eggs), 분석(coprolite), 위석(gastrolith), 발자국(footprints), 그리고 아주 드물게 피부 화석(imprints of skin)과 위 내용물(stomach contents) 등이 있다. 내가 소장한 공룡 화석은 초식 공룡의 알과 치아·위석인데, 그중 위석은 진화론 연대로 백악기 초식공룡의 것으로 추정되며 미국에서 발굴된 것이다(사진 참조). 위석은 공룡

*** 前胃, 위의 앞부분 = 선위(腺胃)

몸체 화석과 함께 보통 한 장소에서 수백 개에서 천 개 이상이 발견되는데, 공룡들은 거친 돌을 삼키고 매끄러운 돌은 다시 뱉어냈을 것이다. 마치 조류들이 정기적으로 필요한 모래를 섭취하듯이 초식공룡들도 위석용 돌을 주기적으로 섭취해 음식물을 잘게 부수었으리라.

어떤 경우에는 너무 큰 위석을 삼키다가 호흡곤란으로 사망한 것으로 추정되는 공룡 화석이 발견되기도 한다. 2014년에는 공룡 위석과 관련해 다음과 같은 흥미로운 기사가 실렸다. 이융남 한국지질자원연구원 지질박물관장이 몽골 고비사막에서 발굴한 데이노케이루스[****] 화석의 배 속에서 물고기 잔해와 함께 1,200여 개나 되는 위석을 발견했다는 것.

이는 획기적인 사건으로 지금까지 초식공룡에게서만 발견되던 위석을 대형 육식공룡에게서 찾아낸 것은 이번이 처음이라고 한다. 이를 통해 이 공룡은 육식이 아닌 잡식으로 판정을 받게 되었다.

저 위석의 주인공처럼 많은 동물은 돌을 삼켜 균형을 잡는 것은 물론 소화력을 향상시키도록 설계되었다. 자연의 조화로움을 통해 돌과 동물의 설계자가 모두 같다는 것을 상식으로 알 수 있다. 즉 상생할 수 있도록 지음 받았다는 뜻이다. 모든 생물은 물론 돌과 같은 무생물도 우리 주님이 무한한 능력의 설계자이심을 밝히 드러내고 있는 것이다. ❖

[****] deinocheirus, 타조공룡. '무시무시한 손'이라는 뜻

수혈과 헌혈

진화론이 진짜라면 각 생물 종의 혈액은 언제부터 자기들끼리만 같은 성분이 되었는지 궁금하다. 사람의 혈액도 딱 한 가지이므로 지구 반대편 사람일지라도 혈액형만 맞으면 되지만 인간의 조상이라는 유인원 혈액을 수혈하면 사람은 죽고 만다. 진화론이란 정말 얼마나 엉터리인지….

예수병원 수련의 시절 겪었던 일이다. 20대 후반의 환자가 난소 낭종(혹) 파열로 복강 내 출혈이 심한 탓에 혈압이 뚝 떨어져 응급수술을 하게 되었다. 신속하게 기본적인 혈액과 소변, 심전도 검사, 흉부 엑스레이 촬영 등을 마치고 마취통증의학과로 인계되었다. 부족한 혈액을 보충하기 위해 보호자인 부모를 불러 수혈에 대한 설명을 하자 그들은 깜짝 놀라며 간청하였다.

"우리는 ○○○○○○이라 절대로 안 됩니다. 선생님! 환자가 죽어도 좋으니 수혈만은 하지 말아주세요."

이런 응급상황에서 혈액을 미리 준비하지 않고 수술을 한다는 것은 매우 위험하지만 다행히 이 환자는 혈액확장제 등 여러 가지 약물과 의학적인 방법을 이용해 별 탈 없이 잘 마치게 되었다. 잘못된 종교적 신념 때문에 수혈을 거부해 천하보다 귀한 생명이 희생되는 슬픈 뉴스를 우리는 종종 듣게 된다. 그들은 성경에 동물의 피를 먹지 말라는 말씀(창 9:4, 신 12:23)을 확대해석하여 수혈을 거부한다. 수혈하면 출교를 당하고, 구원을 받지 못한다고 믿고 있기 때문이다. 이런 잘못된 신념으로 어쩌면 천하보다 소중한 목숨을 살릴 방법이 있는데도 방관하는 꼴이 아니겠는가.

우리 몸을 창조하신 하나님께서는 "또한 너희는 너희의 모든 거처에서 날짐승의 피나 짐승의 피나 무슨 피든지 먹지 말지니라(레 7:26).", "오직 그것의 피는 먹지 말고 물같이 땅에 쏟을지니라(신 15:23)."라고 말씀하셨다. 성경의 다른 여러 곳에서도 동물의 피 섭취를 금지하셨다(신 12:24; 레 17:10; 행 15:29).

동물은 죽을 때 뇌와 심장·간·신장 등 고급 장기는 기능이 정지하여도 상피세포나 머리털 등 하급 장기는 당분간 살아 있어 프토마인(ptomaine, 사독 死毒) 혹은 시체알칼로이드(cadaveric alkaloid) 같은 유독 물질을 생산해 혈액 속에 남는다고 한다. 또한 핏속에는 당, 지방, 단백질 등의 영양소와 무기질, 비타민 등이 매우 풍부해 먹으면 신장염을 일으킬 수 있다는 것. 그래서 주님은 영양분이 많은 동물의 피는 인체에는 해롭지만 토양을 윤택하게 만들기 때문에 땅에 쏟게 하시고, 기름은 토양을 오염시키고 인체에 해로우니 불에 태우라고 하셨을 것이다.

그리고 동물이 도살될 때 느끼는 극심한 공포로 인해 많은 스트레스 호르

몬이 분비되어 혈액 속에 고스란히 남게 된다. 마지막으로 피는 '생명'을 상징한다(레 12:23). 따라서 하나님께서는 인간의 건강을 위하고 생명을 함부로 다루는 잔인함을 막기 위해 동물의 피를 먹지 말라 하신 것이지 수혈을 금하신 적은 없다.

        혈액은 우리 몸에서 약 10만km의 혈관을 돌면서 호흡가스(산소·이산화탄소) 운반과 산염기 평형, 각종 영양분과 호르몬 운반, 면역 기능과 응고, 체온조절 등 생명유지에 필요한 여러 업무를 담당한다. 따라서 출혈이 심해 혈액이 부족하면 심각한 부작용들이 나타나고 심지어 사망을 초래하므로 신속하게 보충해주어야 한다.

그런데 우리가 알아야 할 점은 100% 완전무결한 혈액은 없다는 사실이다. 바이러스·세균·기생충 등에 감염될 수 있기 때문에 헌혈자나 의료 종사자·수혈자 모두 깨끗한 혈액을 수급하기 위한 노력이 필요하다. 응급수술이 아닌 경우, 수혈로 인한 감염과 부작용을 없애기 위한 방편으로 '자가 수혈'을 할 수 있다. 수술하기 몇 달이나 몇 주 전에 자신의 혈액을 미리 혈관에서 뽑아 저장해놓았다가 수술 중에 사용하는 방법이다.

성경은 피에 대한 규례와 여러 가지 이적과 상징들을 기록하고 있다. 그중에 현대과학이 흉내도 못 낼 혈액을 만드신 하나님이 온 인류의 생명을 건지시기 위해 친히 피를 흘리셨다는 사실은 인류에 대한 사랑의 극치가 아니고 무엇이겠는가!

예수님(성자 하나님)이 인류의 죄를 없애기 위해 십자가에서 흘리신 보배로운 피는 우리를 보호하고(출 12:13), 속죄하고(출 30:10), 자유롭게 하며(슥 9:11), 정결케 하는(히 9:22) 가장 고귀한 피(血, blood)인 것이다.

그러면 이제 우리가 <u>그분의 피로 말미암아</u> 의롭게 되었은즉 더욱더 그분을 통해 진노로부터 구원을 받으리니 이는 우리가 원수였을 때에 하나님의 아들의 죽음으로 말미암아 하나님과 화해하게 되었을진대 화해하게 된 자로서 더욱더 그분의 생명으로 말미암아 구원을 받을 것이기 때문이라. (롬 5:9∼10) ❖

5

성경과 고고학,
그 환상의 하모니

보라,

이 날 나는 온 땅이 가는 길로 가려니와

주 너희 하나님께서

너희에 관하여 말씀하신

모든 선한 일 중의 하나도 틀리지 아니하고

다 너희에게 이루어져서

그중의 하나도 틀림이 없음을

너희가 너희의 온 마음과

너희의 온 혼으로 아느니라.

(수 23:14)

싼싱두이 청동나무가
담고 있는 이야기

여러 종교 경전 중에서 오직 성경만이 풍부한 역사지리와 고고학적 증거를 지니고 있다. 인간과 지구를 포함한 우주를 손수 만드시고 지키시는 주님이 그분의 모든 역사를 성경에 기록하셨고 지금까지 보존하셨기 때문이다.

약 5,000~3,000년 전 중국 촉나라 시대 싼싱두이(삼성퇴, 三星堆) 유적지의 유물은 1929년 현지 농민 연도성이라는 사람이 처음 발견했다. 그는 집 옆에서 수차를 이용해 논에 물을 대려고 도랑 파는 작업을 하다가 논바닥에서 옥기(玉器) 등 중국 본토나 초나라가 아닌 메소포타미아의 영향을 받은 유물 400여 점을 발굴했다.

이곳은 중국 쓰촨성(사천성)에 있으며 총 12km²에 달하는 넓은 면적에서 수차례 발굴이 진행되었다. 청동입인상(靑銅立人像), 황금 및 청동가면 등 천 여점의 유물이 더 발굴되어 1997년 10월에 건립한 싼싱두이 박물관에 전시하고 있다. 그런데 1986년에 세계 고고학계를 깜짝 놀라게 한 유물들이 두 갱도에서 출토되었다. 그중에 청동신수(靑銅神樹)는 아주 특별한 나무인데, 높이는 약 3.95m 정도로 실물 크기의 과일나무 형태이다.

자세히 살펴보면 나뭇가지 끝에 달린 과일 근처에 잎이 열리는 자리마다 예리한 칼이 놓여 있고, 가지에 아홉 마리 새가 앉아 있다. 그리고 지금 이 글을 쓰고 있는 내 손과 정확하게 해부학적으로 일치하는 사람의 손, 길고 예쁜 손이 보인다.

마지막으로 맨 밑에는 두 뿔과 이글거리는 커다란 눈, 두 개의 짧은 앞다리를 지닌 뱀(serpent)이 있는데, 그 꼬리는 날카로운 칼로 만들어져 있다. 이 정도 설명을 들으면 거의 눈치를 챘을 것이다.

▌싼싱두이 박물관의 선악을 알게 하는 청동나무
출처 : Wikimedia Commons

그렇다. 이것은 에덴동산 중앙에 있던 두 나무 즉 생명나무와 선악을 알게 하는 나무 중에서 '선악을 알게 하는 나무(선악과)'를 상징한다(창 2:9)!

특이하게도 뱀에게는 앞다리가 있다. 이는 인간을 타락하게 만든 뱀을 하나님께서 다음과 같이 심판하시는 말씀 가운데서 힌트를 얻을 수 있겠다.

주 하나님께서 뱀에게 이르시되, 네가 이 일을 행하였으니 네가 모든 가축과 들의 모든 짐승보다 더 저주를 받아 배로 다니고 평생토록 흙을 먹을지니라. (창 3:14)

'배로 다니라'고 하신 말씀을 역으로 생각해보면 하나님이 뱀을 처음 창조하실 때는 저주받기 전이므로 다리를 지니고 있었다는 뜻이다. 어떤 연구에 의하면 정말 뱀은 다리가 퇴화된 흔적을 지니고 있었다! 물론 예쁜 손가락들은 이브(하와)의 손을 의미할 것이다.

이처럼 청동나무 작품은 어느 것 하나 성경과 배치되지 않고 그 내용을 고스란히 담고 있다. 단지 성경을 믿지 않는 학자들은 이 나무가 무엇을 상징하는지 도무지 알 길이 없다. 아니 알 것 같지만 인정하기 싫어 외면할 테니 그들에게는 영원히 풀리지 않는 '고고학적 미스터리'로 남게 되지 않을까.

지금으로부터 약 3,500년 전의 모세오경보다 훨씬 전에 어떻게 창세기 내용과 완전히 일치하는 청동나무를 누가 어떻게 만들었을까? 두말할 필요 없이 이들은 믿음의 선조로부터 (구전으로) 전해 들었을 것이다.

성경연대기를 살펴보면 930세를 살았던 아담(창 5:5)은 놀랍게도 아브라함과 서너 세대 차이밖에 나지 않는다. 따라서 주님이 창조하신 셀 수 없는 들짐승과 날짐승을 그 특성에 맞게 모든 이름을 지어줄 정도로 지혜가 뛰어난 아담이 얼마나 정확하게 에덴동산에서 일어난 일들을 후손들에게 알려주었을지 쉽게 짐작할 수 있다.

아담은 원시인이 아니다. 고대인들은 계속 퇴화해 온 우리와는 비교가 안 될 정도로 거대한 뇌의 용량을 지닌 사람들이다. 현대인이 첨단기기를 만들 수 있는 것은 지혜가 탁월해서가 아니라 기술 축적과 정보 기록 때문이다. 아무튼 그토록 지혜로운 조상들에게서 들은 내용을 고스란히 기억창고에 보관

했던 싼싱두이 사람들은 '아직 인간이 타락하기 직전의 상태'를 '청동신수'라는 작품으로 재현해 놓았을 것이다. 그것은 영원히 기억해야 할 주제였음이 틀림없다.

이제 적그리스도 세력은 마지막 때 사람들을 미혹하기 위해 미 항공우주국(NASA)의 블루빔 프로젝트(bluebeam project)를 계획하고 있다. 총 4단계인 이 프로젝트 중 첫째 단계는 거짓 고고학적 증거를 내세워 기독교의 근본을 무너뜨리는 것이다. 따라서 주님의 재림을 앞두고 벌어질 영적 싸움의 한 영역이 '성경고고학'임을 명심하자. 성경과 배치되는 어떠한 놀라운 증거도 얼마든지 조작이 가능한 '가짜'라는 사실을 깨닫고 잘 분별하는 지혜로운 성도들이 되어야 할 것 같다. ❖

여리고성의 함락,
옛날이야기가 아니었네?

제사장들이 숫양의 뿔 나팔을 길게 불어 너희가 나팔 소리를 들을 때에 온 백성은 큰 소리로 외칠지니라. 그리하면 그 도시의 성벽이 납작하게 무너져 내리리니(the wall of the city shall fall down flat) 백성은 각각 곧장 자기 앞으로 올라갈지니라 하시니라. (수 6:5)

수년 전 야생화가 피는 봄철에 대한기독사진가협회 회원들을 중심으로 열흘간의 성지순례 여행을 다녀왔다. 사해에서부터 시작된 3일간의 이스라엘 여행 끝자락에 여리고 지역에도 들렀다. 그런데 가이드는 입구에서 "여리고성은 지진에 의해 무너졌습니다."라는 간단한 설명만 하고 서둘러 다음 장소로 출발했다.

그러나 1년 뒤 창조과학 강의를 준비하면서 이곳에 놀랄 만한 고고학적 증거들이 숨어 있었다는 것을 알고 난 후에는 가이드하신 목사님께 섭섭한

마음이 들었다. 큰맘
먹고 나섰는데 생각할
수록 아쉬움이 남는 여
행이었다.

주님께서 바디매오라
는 눈먼 사람을 고치신
곳이며(막 10:46~52)
선한 사마리아 사람 이
야기에도 등장하는 여
리고. 그 여리고성이 사
람이 아닌 지진에 의해
무너졌다면 그에 따른
고고학적, 과학적 증거
들이 남아있을까?

이를 증명하기 위해
1907~1909년 독일팀,

■ 바깥쪽으로 무너진 여리고 성의 상상도

1930년대 존 가스탕, 1950년대 캐더린 케니온 그리고 1997년 이탈리아−팔
레스타인 팀과 같은 여러 학자들이 드디어 성경과 일치하는 중요한 사실들
을 밝혀냈다.

먼저 성벽을 살펴보자. 약 4~5m 높이의 돌로 만든 기초옹벽 위에 두께
2m, 높이 6~8m의 붉은 벽돌 외벽이 있다. 그 안쪽으로 외벽보다 약 14m 높
은 곳에 다시 두께 2m, 높이 6~8m의 내벽이 역시 붉은 벽돌로 만들어져 있
다. 그 크기를 한번 상상해보라. 이것은 사람의 힘으로 도저히 무너뜨릴 수
없는 엄청난 높이에 매우 단단한 구조임에 틀림없다(그림 참조).

이렇게 튼튼한 여리고 성을 숫양 뿔 나팔과 법궤를 앞세운 이스라엘 백성들이 6일간은 날마다 한 바퀴씩 돌고, 마지막 날은 일곱 번 돌고 난 후 제사장들이 나팔을 불고 백성들이 큰소리로 외쳤다. 그러자 성벽이 납작하게 무너져 내려 백성이 성안으로 올라갔다고 성경에 기록되어 있다(수 6:1~5). 그런데 그토록 튼튼한 붉은 벽돌로 된 외벽이 밖으로 무너진 흔적이 정말 발견된 것이다!

외벽이 밖에서 안으로 무너졌다면 군사들의 공격으로 함락된 것이지만, 여리고성은 지진에 의해 안에서 밖으로 납작하게* 무너져 내려 이스라엘 군사들이 쉽게 밟고 올라갈 수 있는 다리 역할을 한 것이다!

여기서 한 가지 이상한 점이 있었는데, 산지에 가까운 북쪽 성벽 일부는 무너지지 않았다는 사실이다. 나중에 알고 보니 이곳은 두 명의 정탐꾼을 숨겨준 창녀 라합의 집으로 추정되는 장소였다! 왜냐하면 외벽과 내벽으로 구성된 성벽 사이 공간에도 사람이 사는 집들이 있었는데 주로 서민들이 살았을 것이다. 가난한 라합의 집은 이런 외벽에 붙어있어서 줄을 통해 정탐꾼들이 쉽게 탈출해 산속에 숨어들 수 있었던 것이다. 정탐꾼들은 자기들을 숨겨준 대가로 맹세까지 하며 라합과 그 가족들을 살려주겠다는 약속을 했다. 무너지지 않은 북쪽 성벽이 이런 역사적 사실을 말없이 증명해주고 있는 것이다(수 2:15~22).

도시와 그 안에 있는 모든 물건은 주께 저주를 받을 터이나** 오직 창녀 라합과 그녀와 함께 집에 있는 모든 자는 살리니 우리가 보낸 사자들을 그녀가 숨겼느니라. (수 6:17)

---

* 개역개정, 공동번역, NIV 등의 현대역본 성경에는 '납작하게(flat)'라는 단어가 빠져 있음
** '주께 저주를 받을 터이나'가 개역개정에는 '주께 온전히 바치되'로 번역됨

또한 곡식이 가득 찬 항아리들이 모두 불에 타버린 채 남아 있었는데 이는 다음과 같은 사실을 암시한다. 먼저 여호수아가 공격한 시기가 곡식 수확 철이었음을 뜻한다(수 3:15). 그리고 일주일이라는 짧은 기간 안에 정복이 이루어졌으며 여호수아가 하나님의 말씀에 순종했다는 증거이다.

다시 말하자면 여리고성 안에는 물(샘)이 있었고 곡식이 풍부했기 때문에 수년간 버틸 수도 있었겠지만 성경 기록대로 일주일이라는 단시간에 무너졌기 때문에 곡식이 소모되지 않아 항아리에 가득 찼던 것이다. 또한 역사적으로 수많은 전쟁이 있었지만 정복자가 곡식처럼 생명과 직결되는 전리품을 어리석게 불태운 적은 거의 없었다. 그러나 하나님의 명령에 따라 아깝지만 남녀노소 사람과 가축을 진멸하고, 모든 것을 불태웠던 것이다.

> 그들이 도시와 그 안에 있던 <u>모든 것을 불로 태웠으나</u> 다만 은과 금 그리고 놋과 쇠 기구들은 주의 집의 보고에 두었더라. (수 6:24)

불에 탄 곡식들은 이처럼 정복이 단시간에 이루어지고 주님의 말씀에 순종한 결과물이다. 다른 성경 기록들도 그렇지만 이제 여리고성 함락 사건은 더더욱 꾸며진 이야기가 아니며, 고고학적인 발견을 통해 드러난 역사적 사건이다. 그리고 이를 통해 주님의 말씀은 정확무오(正確無誤)한 진리임을 다시 한 번 확인할 수 있는 것이다. ❖

이집트의 시내 산은
성경의 시내 산이 아니다!

　중학교 때, 매년 두세 차례 읍내 극장에서 단체 영화관람을 하였다. 그중에 아직도 기억에 남은 영화는 1956년 세실 B. 데밀 감독이 만든 찰톤 헤스톤 주연의 〈십계(十戒)〉라는 명작이다. 특히 독특한 기법을 이용해 연출하였겠지만, 홍해 바다가 벽이 되어 수많은 이스라엘 백성이 바다를 건너는 장엄한 장면은 지금도 잊을 수가 없다.

　그 후 신앙생활을 하면서도 '과연 깊은 바다를 갈라 마른 땅을 건넜을까?'라는 의구심이 늘 마음 한구석에 자리 잡고 있었다. 하지만 이제 출애굽 사건은 다양한 자료를 통해 꾸며낸 신화가 아닌 역사적 사실로 밝혀졌다. 특히 「떨기나무 1」과 「떨기나무 2」의 저자이며 사우디아라비아 메카 주지사*의 한방 주치의였던 김승학 박사님, 그리고 증거들을 찾기 위해 두 아들과 함께 목숨을 걸었던 론 와이어트(R. Wyatt), 그외 여러 사람의 헌신과 노력으로 많

---

* 사우디 왕자이며 전체 이슬람교의 총수로 카바 신전에 들어갈 수 있는 유일한 제사장. 지금은 사망함

은 사실이 세상에 드러난 것이다. 이제 이스라엘 백성들의 이집트 탈출 여정에 대해 이들이 밝힌 그 증거를 찾으러 여행을 떠나보자.

시나이 반도의 시내 산이 가짜인 이유

하나님께서는 아브라함에게 땅과 함께 그의 씨(자손)를 번성케 하시겠다는 약속을 하셨다. 그리고 때가 되자 그 약속이 성취되어 이집트에서 아브라함의 손자 야곱의 가족 70여 명으로 시작된 이스라엘 백성은 약 400년이 지나는 동안 엄청난 숫자로 불어난 것이다.

이제 하나님은 모세를 통해 노예 신세로 전락한 이스라엘 백성을 탈출시키셨는데, 그 당시 부녀자와 아이들을 제외하고, 걸을 수 있는 남자만 60만 명 정도였으므로 전체 인구는 약 200~300만 명이었을 것으로 추정된다(출 12:37).

그런데 이들이 약속의 땅 가나안에 들어가기까지 약 40년간 활동한 흔적이 전혀 없는 시나이 반도를 출애굽 여정의 주 무대이며 성지순례 여행 코스로 대부분 사람들은 잘못 알고 있었던 것이다. AD 527년 유스티아누스 황제 때 로마 카톨릭에서 아무 근거도 없는 이곳을 성지로 공포했기 때문이다. 언젠가 시나이 반도를 순례하던 우리나라 관광객이 폭탄테러를 당했다는 소식을 접하면서 안타까움을 금할 수 없었다. '그들이 이런 사실을 미리 알았더라면 고귀한 목숨이 희생되지 않았을 텐데…'라고.

시나이 반도로 성지순례를 다녀오신 분들 이야기를 들어보면 오히려 의구심과 성경에 대한 불신감만 커졌다는 것이다. 이제 그곳의 시내 산이 성경의 시내 산이 아닌 이유는 다음과 같다.

첫째, 시나이 반도는 비록 로마시대와 2·3차 중동전쟁 때 잠깐 영토를 빼

▌이집트 시나이반도의 시내 산에 억지로 꿰맞춘 기존의 학설 중 한 탈출 경로.
홍해를 두 번 건너야 하는 등 앞뒤가 맞지 않는다. 출처 : 떨기나무2(생명의말씀사)

앗긴 적이 있지만, 출애굽 당시에는 외침을 받은 적이 없는 이집트(혹은 애굽)
땅이었다. 그런데 모세가 이스라엘 백성을 이끌고 이집트의 속박에서 벗어나
기 위해 탈출해 약 1년 가까이 머문 곳이 여전히 이집트 땅이라고 한다면 상
식적으로 이해가 되겠는가. 출애굽(Exodus)이란 '이집트 탈출'인데 말이다. 모
세는 40세까지 이집트에서 왕자로 자라 그 나라 지리에 대해 잘 알고 있었을
것이므로 당연히 시나이 반도를 벗어났을 것이다.

둘째, 기존 학설은 이스라엘 백성이 건넜다고 하는 바다(홍해)가 비터호수
(Bitter Lake)라고 주장한다. 그러나 비터호수는 홍해와 지중해를 연결하는
192km 길이의 수에즈 운하 중간에 위치하고 있는데, 만일 이 호수를 이스라
엘 백성이 건너갔다면 추격하는 바로(파라오)의 군사들이 어리석게 뒤따라 들
어가 모두 수장될 이유가 없다. 이집트 병사들은 더 빠른 육로를 통해 호수

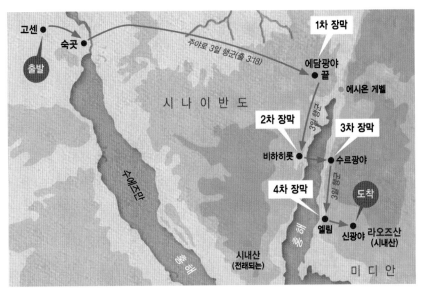

■ 사우디아라비아 미디안 땅의 라오즈 산을 시내 산으로 본 탈출 예상 경로.
이스라엘 백성이 머문 지점이 성경과 일치한다. 출처 : 떨기나무2(생명의말씀사)

반대편에서 이스라엘 백성을 기다리면 되었을 것이다.

셋째, 이스라엘이 6일 전쟁에서 시나이 반도를 점령한 다음 15년 동안 자기 조상들의 출애굽 증거를 찾기 위해 철저하게 조사했지만 단 한 점도 발견하지 못했다. 그래서 지미 카터 대통령의 중재로·평화협정을 맺을 때 미련 없이 이집트에게 이 지역을 넘겨준 것이다.

넷째, 오늘날 시나이 반도에 있는 무사 산(Jebel Musa 2,286m)은 지난 1,500년 동안 모세가 하나님을 만난 시내 산으로 알고 있었지만 장소가 너무 협소해 인구 만 명이 머물 공간도 없다.

모세는 40세 때 살인사건으로 파라오를 피해 미디안 땅에 이르러 그 곳 제사장 이드로의 딸 십보라와 결혼하고 40년간 양떼를 돌보며 지냈다(출

2:11~22).

그 후 불타는 떨기나무 가운데 나타나신 주님께서는 모세를 이집트 파라오에게 보내면서 "네가 백성을 이집트에서 데리고 나간 뒤에 너희가 이 산에서 하나님을 섬기리니(출 3:12)"라고 말씀하셨다. 따라서 여기서 말씀하신 '이 산'이 바로 고대 지도에도 미디안(Median, 지도의 우측 하단)이라고 분명하게 표기되어 있는 땅, 즉 오늘날 사우디아라비아에 있는 라오즈 산이며, 바로 모세가 십계명을 받은 시내 산(호렙 산)이다. 그래서 이곳 미디안 땅은 오랜 광야생활의 흔적들이 지금도 생생하게 남아있는 것이다.

바다가 갈라져 해저 둑으로 건넌 곳, 누웨이바

이번에는 이스라엘 백성이 홍해를 건너기 전에 진을 쳤던 장소와 그들 앞에서 갈라진 홍해를 향해 여행을 떠나보자.

주께서 모세에게 말씀하여 이르시되 이스라엘 자손에게 말하여 그들이 돌아서서 믹돌과 바다 사이의 비하히롯 앞 곧 바알스본 맞은편에 진을 치게 하라. (출 14:1~2)

주님은 이 네 가지 조건을 모두 만족시키는 곳에 진을 치라고 명령하신다.

① 믹돌(애굽의 초소)
② 바다(홍해) 사이
③ 비하히롯(협곡의 입구) 앞
④ 바알스본(지금의 사우디아라비아에 있는 바알의 신당) 맞은편

이 모두에 해당하는 곳은 바로 누웨이바(Nuweiba) 해변인데, 길이 7km, 폭

■ 누웨이바 지역 위성사진

이 4km의 넓은 지역이다(면적 약 28km²). 200~300만 명의 사람을 충분히 수용할 수 있는 천혜의 조건을 갖춘 곳으로 인공위성 사진을 보면 알 수 있으며, 구글 어스 프로그램을 이용해 검색하면 누구나 위성사진을 볼 수 있다. 앞쪽이 홍해, 위아래는 가파른 산으로 막혀있는 곳으로 이스라엘 백성이 낮에는 구름기둥, 밤에는 불기둥의 인도로 협곡의 외길을 따라 약 6일간 밤낮 행진하여 도착한 지역이다(사진 참조).

그런데 주님께서 파라오의 마음을 강퍅하게 하여 보내준 이스라엘 백성을 뒤쫓게 했다. 그 당시 파라오의 군대는 선정된 병거 600대와 기병 5만, 보병 20만 정도의 대규모 병력인 것으로 추정한다. 이제 이스라엘 사람들은 이집트 군사들이 자신들을 추격하는 소리를 듣고는 극도의 두려움에 휩싸이고 결국 모세를 원망하기까지 하였다. 그러나 모세는 "너희는 두려워하지 말고 가만히 서서 오늘 주께서 너희에게 보여 주실 그분의 구원을 보라. 다시는 너희가 오늘 본 이집트 사람들을 영원히 또 보지 아니하리라(출 14:13)"라고 하면서 용기를 주었다.

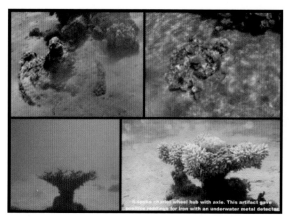

■ 잠수부들이 찾아낸 산호로 덮인 이집트 군대의 병거 바퀴들

주님은 이집트 병사들이 더 이상 추격하지 못하도록 구름기둥으로 두 진영 사이 협곡의 길을 막아 이집트 쪽은 밤새도록 흑암이 머물게 하셨다. 이제 모세가 손을 내밀 때 주님께서는 강한 동풍으로 바다가 건너편부터 갈라지게 하셔서 양쪽은 벽이 되고 가운데는 마른 땅이 되는 기적을 일으키셨다. 영화 〈십계〉에서 실감나게 묘사한 장면보다 훨씬 장엄하고도 놀라운 광경이 펼쳐졌을 것이다.

모세와 이스라엘 백성들이 마른 땅을 모두 건너자 파라오의 군사들도 바다 한가운데로 들어왔다. 이때 주님께서는 그 군대를 어지럽게 하시고 병거 바퀴를 벗겨 무서워 도망가는 군사들을 모두 홍해 바닷물에 수장시켰다(출 14:24~28).

그렇다면 정말 이집트 군사를 몰살시켰다는 증거가 아직 남아 있을까? 론 와이어트가 누웨이바 주변 바다를 잠수해 탐사해 보았더니 놀랍게도 산호로 덮인 많은 병거 바퀴들과 아마 지휘관이 탔을 금으로 입혀 녹슬지 않은 병거 바퀴 등이 실제로 있었던 것이다! 그 외에 말발굽과 사람의 늑골, 대퇴골들도 여기저기 흩어져 있었다(사진 참조).

더 놀라운 것은 이스라엘 백성이 건넜던 지점의 바다 밑에 이미 주님께서 길이 15km, 폭 6km 크기의 해저 둑(land bridge)을 만드신 다음, 바다 밑으로부터 1km 이상 올리시고 경사는 6° 정도로 완만하게 조성하셨다는 것이다! 그 둑의 가장자리는 45°의 급경사로 홍해가 갈라졌어도 만약 이런 둑길이 없었더라면 건널 수 없었을 것이다.

바다 곧 큰 깊음의 물들을 마르게 하시고 <u>바다의 깊은 곳들을 길로 만드사</u> 속량 받은 자들이 건너게 하신 이가 주가 아니시니이까? (사 51:10)

이 말씀처럼 우리 하나님은 섬세하게 바다에 길을 예비해 놓으신 것이다. 주님께서는 백성들이 홍해를 건넌 증거들과 바다에 만드신 길을 지금까지 보존하셔서 고고학자들을 통해 확인하게 하셨다. 따라서 출애굽은 허황된 이야기가 아닌 실제 사건임을 알 수 있다. 이처럼 인류 역사는 성경에 기록된 그대로 지금까지 실현되었고, 앞으로도 그렇게 진행될 것이다.

성경과 일치하는 광야 생활의 다양한 흔적들

이번에는 미디안 땅에서 이스라엘 백성들이 남긴 증거품들을 찾아보자. 홍해를 건넌 백성들은 3일 후 마라에 도착했으나 물이 써서 백성들이 마실 수 없었지만 주님께서 달게 만드셔서 마시게 하셨다(출애굽기 15장). 그리고 엘림으로 가서 휴식한 다음 엘림과 시내 산 사이인 신 광야에 도착했다. 여기서 백성들이 먹을 것에 대해 불평하자 주님께서는 만나와 메추라기를 공급하셨다(출애굽기 16장).

그 후 신 광야를 떠나 르비딤에 장막을 쳤으나 마실 물이 없어 백성들이 다

■ 칼로 벤 것처럼 쪼개져 물이 나왔던 므리바 반석

시 모세와 다투고 심지어 돌을 던지려 하자 주님은 모세에게 호렙에 있는 반
석을 치게 하셔서 물을 콸콸 쏟아내게 하셨는데 이 바위가 바로 '므리바 반
석'이다.

> 그분께서 반석을 여시매 물들이 솟아 나와 마른 곳으로 강같이 흘렀으니 (시
> 105:41)

그리고 그곳 르비딤에서 아말렉과 전투가 벌어졌을 때 모세가 아론과 훌의
도움을 받아 산꼭대기에서 손을 올리는 동안 여호수아는 아말렉을 모두 무
찌르고 이를 기념하는 제단을 쌓았다(출애굽기 17장).

이제 르비딤을 떠나 시내 산 앞에 장막을 친 후 주님은 모든 백성이 보는 중
에 직접 불 가운데 강림하셨고, 모세에게 백성이 지킬 율법을 말씀하셨다. 그

■ 사우디아라비아에서 출애굽 증거들이 발견되었다는 사실을 디스커버리 뉴스가 보도한 내용(1988)

러나 모세가 40일 동안 시내 산 위에 있는 동안 기다림에 지치고 성급한 백성들은 아론을 통해 금송아지 형상을 만들게 하고 제단을 쌓아 우상을 섬겨 주님을 노하게 하셨다(19~32장). 그 후 시내 산을 떠난 지 11일 뒤에 모세는 열두 명의 정탐꾼을 가나안으로 보냈는데(민수기 13장), 열 명의 정탐꾼의 믿음 없는 보고로 백성이 반역하였고, 그 대가로 40년 동안 광야에서 방황하게 하셨다. 그런데 위와 같은 광야 생활을 뒷받침하는 증거들 대부분이 지금도 남아 있다는 사실이 얼마나 경이로운지 모르겠다. 그동안 이것들을 엉뚱한 곳에서 찾았을 뿐이다. 대표적인 것 몇 가지만 살펴본다.

① 므리바 반석 : 목마른 백성을 위해 주님의 명령에 따라 모세가 지팡이로 치자 물이 나온 바위. 높이 18m 정도. 위에서 아래로 마치 칼로 무를 쪼갠 것처럼 보인다. 그 뒷면에 물이 흘러 침식된 흔적이 선명하게 남아 있다(출

17:6, 사진 참조).

② 제단 : 므리바 바위에서 약 180m 떨어진 곳에 아말렉을 물리치고 제단을 쌓을 때 사용된 흰 기둥들(출 17:15).

③ 맷돌 : 하늘에서 내린 만나를 빻거나 찧기 위해 사용된 작은 돌들(출애굽기 16장).

④ 환상열석(hut circles) : 텐트가 바람에 날아가지 않게 고정시켰던 둥근 돌무더기로 큰 것은 지름이 6~7m 정도이다.

⑤ 라오즈 산(2575m) : 본래의 시내 산인 이 산은 두 봉우리(시내와 호렙)가 있는데, 시내 산은 주님께서 불 가운데 내려오신 증거로 지금도 산의 정상이 검게 탄 흔적이 분명하게 보이며(출 19:17~18), 호렙 산에는 커다란 동굴이 있는데 이는 갈멜 산에서 바알 대언자 450명을 죽인 엘리야의 생명을 이세벨이 노리자 그녀를 피해 엘리야가 40주야를 걸어서 도착한 곳으로 추정된다(왕상 19:8~9).

⑥ 금송아지 제단 : 율법을 받으러 모세가 시내 산에서 40일 동안 내려오지 않자 기다리다 지친 백성들이 아론을 부추겨 금송아지를 만들고 우상을 섬겼던 제단(출애굽기 32장). 그 제단을 쌓은 돌에 이집트 양식의 송아지 암각화들이 있다.

지금까지 출애굽 여정이 사실임을 보여주고 그동안 잘못 알았던 지역 위치를 바로잡는 고고학적 증거들을 간단히 살펴보았다.

　현재 통제가 너무 심해 탐사가 불가능하지만 언젠가 성지순례지 코스로 개방이 된다면 즉시 사우디아라비아를 방문할 생각이다. 그곳에서 직접 성경 기록과 고고학적 사실들을 비교하면서 주님의 말씀은 전혀 오류가 없으며, 살아 계신 하나님은 역사의 주인이심을 다시 한 번 고백하고 싶다. ❖

나의 이야기 ⑤

마취의 역사와 궁금한 이야기들

　　보통 '마취'라고 하면 괜히 두렵고 부정적인 생각이 먼저 떠오르기 마련이다. 일부 매스컴이나 드라마 등에서 본 의료사고 때문이거나 혹시 전신마취에서 깨어나지 못할까 봐 두려워하는 마음 등이 원인일 수 있겠다. '마취약은 곧 마약'이라고 잘못 아는 분들도 이런 부정적인 시각을 지니고 있어 올바른 인식 전환이 필요할 것 같다.

마취의 시작은 언제부터일까?

　전신마취에 대한 인류 최초의 기록은 성경이다. 전신마취는 바로 에덴동산에서 시작된 것이다. 주님께서 아담을 깊이 잠들게 하신 다음 그의 갈비뼈(늑골, rib) 하나로 여자인 하와를 만드셨다(창 2:21~22). 여기서 깊은 잠(deep sleep)은 우리가 날마다 취하는 생리적인 수면이 아니라 제3자에 의해 조절되는 잠, 즉 '가장 이상적인 전신마취'를 의미한다고 볼 수 있다.

　통상 병원에서 마취과 의사가 시술하는 전신마취도 여러 가지 마취 장비와

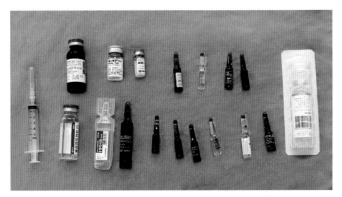

약품을 사용해 환자의 의식과 감각·운동·유해반사 등 네 가지를 없애 수술을 위한 최상의 상태로 만드는 진료행위(의학기술)이다. 다윗이 사울의 베개 옆에서 창과 물병을 가지고 떠날 때 아무도 눈치 채지 못했던 것도 주님께서 역시 이 같은 깊은 잠을 자게 하셨기 때문이었다(삼상 26:12).

마취 역사 기록을 보면 아주 오래전에는 양귀비(아편, poppy) 열매를 씹거나 환부에 바르기, 코카나무 잎사귀 깨물기, 알코올(술) 마시고 취하기 등등이 있었고, 심지어 둔기로 머리를 때려 의도적으로 기절시키기, 정령(악령)을 이용한 주술적 방법 등이 있었다. 2세기경 중국 명의 화타는 '마비산'이라는 마취약을 만들어 외과 수술에 사용했고, 우리나라에서는 조선조 중엽 「동의보감」에도 골절 치료나 통증 완화 목적으로 '초오산'을 술에 타 먹이기도 하였다.

한국전쟁 때는 부상자 속출로 여러 분야의 의학, 즉 신경외과학, 흉부외과학, 마취과학, 재활의학 등이 크게 발전하는 계기가 되어 오늘에 이르렀다. 특히 전신마취는 미국 군의관들이 처음 사용했지만 이를 토대로 이제는 우리나라 의료 수준이 미국 못지않게 발전하게 되었다.

봉숭아물을 들이면 마취가 안 될까?

어릴 적 시골 돌담 밑이나 초등학교 화단에 어김없이 몇 그루 등장하는 봉숭아. 꽃이 봉(鳳)을 닮았다고 해서 봉선화(鳳仙花)라고도 한다. 그 빛깔 좋은 꽃과 잎사귀는 그야말로 부녀자들이 즐겨 사용하는 자연산 매니큐어였다. 요즘도 꽃이 피는 초여름에 손가락 첫마디까지 예쁘게 물들인 환자의 손톱을 볼 때면 옛날 생각이 절로 난다.

"선생님~ 손톱에 봉숭아물을 들이면 마취가 안 된다던데 사실인가요?"

수술대에 누운 환자뿐만 아니라 주위 사람들에게 가끔 받는 질문이지만 답변이 싫증나지 않는 까닭은 바로 이런 어린시절의 추억들 때문인지도 모르겠다.

결론부터 이야기하자면 봉숭아물 들이는 것과 마취는 아무 상관이 없고 낭설일 뿐이다. 마취 중에 사용하는 환자 감시 장비 중에 헤모글로빈(Hb)이 산소(O_2)와 얼마나 잘 결합하고 있는지 측정하는 장비(산소포화도측정기, pulse oximeter)가 있다(사진 참조). 보통 환자의 손가락에 끼워 사용하는데, 아마도 이때 생긴 오해가 아닐까 생각한다. 손톱에 진한 매니큐어를 칠하면 감지를

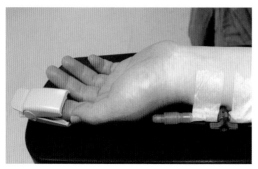

▌마취할 때 손가락에 끼워 산소포화도를 측정한다.

못할 수도 있지만 봉숭아물 들인 손가락은 별 상관이 없다. 마취 중 가끔 환자의 손톱을 눌러 혈액순환 상태를 알아보는 경우도 있는데 매니큐어나 봉숭아물을 들이면 상태 파악이 어려울 수는 있을 것이다.

전신마취를 하면 기억력이 떨어질까?

이것도 사실과 다르다고 할 수 있다. 전신마취는 일과성이고 마취가 끝나면 약물이 체외로 모두 배출되므로 뇌장애를 전혀 일으키지 않는다. 비록 최근 미국에서 4세 이하 소아의 전신마취는 IQ를 약간 저하시킬 수 있다는 논문이 발표되었지만 더 많은 연구가 필요할 것 같다. 전신마취 중에는 공기에 포함된 산소보다 2배 이상으로 산소를 공급하므로 뇌가 휴식을 취해 오히려 좋을 수도 있다. 오스트리아 정신과 의사이자 저명한 정신분석학자 프로이트(S. Freud)는 고질적인 구강질환으로 스무 번 이상 전신마취를 받았지만 '20세기 천재'라는 별명을 얻게 되었다. 또한 필자도 예수병원 수련의 시절 어느 화상환자에게 약 20~30번 전신마취를 시행했지만 기억력과는 아무 상관이 없었다. 세상 그 어떤 기계보다 복잡하고 정교한 인체를 마취하는 일은 늘 긴장감의 연속이지만 최초인 동시에 최고의 마취과 의사이신 하나님의 뜻을 헤아려 최선을 다할 것을 다짐해본다.

산모는 진통을 반드시 겪어야만 하는가?

진통이 수반되는 분만에 대해 생각해본다. 지금껏 수많은 산모를 만났지만 자연 분만할 때 웃으면서 아기를 낳는 사람을 한 번도 본 적이 없다. 고통으로 병원이 떠나갈 정도로 부르짖는 산모의 절규를 들으면서 성경 말씀이 얼마나 정확한지를 다시 한 번 깨닫게 된다.

주님께서 태양계를 포함한 우주를 완벽하게 먼저 만드시고 나중에 자유의지를 지닌 인간 아담과 이브를 창조하셔서 만물을 다스리도록 사명을 주셨다. 그러나 소중한 자유의지로 주님 명령에 불순종하여 죄(sin, 범죄 = crime)를 지었기 때문에 남자는 평생토록 땀 흘려 일하는 수고를, 여자는 분만할 때 극심한 고통을 주신 것이다(창 3:16~19).

(하나님이) 또 여자에게 이르시되, 내가 네게 고통과 수태를 크게 더하리니 <u>네가 고통 중에 자식을 낳을 것이요</u> (창 3:16 上)

그래서 이런 말씀에 근거하여 여자의 산고(産苦)는 죄의 결과이므로 고통을 겪으면서 분만을 해야 한다는 것이다. 이와 관련해 과거 영국에서 있었던 흥미 있는 일화를 소개해 본다.

고대로부터 분만에 대한 인식이 나라와 시대에 따라 변해왔는데 이집트와 로마 시대에는 비교적 임산부를 잘 관리하였다. 그러나 중세 암흑기에 들어서자 유럽에서는 관리가 소홀하여 수많은 산모와 유아들이 사망하게 된 것이다. 그 후 1847년 영국 글라스고우 대학 산부인과 교수인 심프슨(J. Y. Simpson)이 처음으로 마취를 소개했고 이듬해에 클로로포름(chloroform)을 사용해 무통분만에 성공했다. 그러나 교단에서는 '산고는 하나님의 선물인데 이것을 없애는 것은 하나님에 대한 모독'이라며 무통 분만을 심하게 반대했고 오히려 심프슨을 화형 시키려고 했다는 것. 그러자 심프슨은 하나님도 고통을 없애기 위해 아담을 깊이 잠 재우셨으니 성경에 위배되지 않는다며 자신의 주장을 폈다.

이런 와중에 약 6년 동안 산과마취는 일반인들의 무관심으로 점차 잊혀지고 있었지만 한 여왕의 결단으로 새로운 전환기를 맞게 되었다. 혈우병 보균자였던 빅토리아 여왕은 평생 아홉 명의 자녀를 가졌는데 7명의 자녀를 낳는 동안 분만의 고통이 너무 심하여 우울증까지 생길 정도였다. 그래서 여덟 째 레오폴드 왕자를 분만할 때 잠시 고민하다가 무통분만을 하기로 결정한 것이다. 결국 영국 최초의 마취과 의사이며 왕의 주치의 스노우(J. Snow)가 심프슨에게 전수 받은 클로로포름을 사용하여 왕자를 고통 없이 낳게 되었다. 이처럼 여왕의 용기 있는 결단으로 의사 심프슨의 목숨도 구하게 되었고, 산모들의 고통도 덜게 된 것이다.

이와 같이 산모에 대한 잘못된 시각을 지닌 이유는 성경을 바르게 알지 못하고 자기들에게만 유리하게 해석한 남자들 때문인데, 그들도 죄의 결과로 땀 흘려 일해야 된다는 점을 망각하고 있다는 사실이다. 즉 남자들은 땀 흘리는 대신 현대식 기계를 동원하여 편하게 일하면서 여자들에게만 산고를 겪도록 방치하는 것은 이치에 맞지 않는 것이다.

요즘도 나이 드신 시어머니 중에 며느리의 무통분만을 달갑지 않게 여기고 그냥 아파서 낳아야 좋다며 부득부득 우기는 분들도 계신다. 그러나 불필요한 고통은 산모의 심장질환이나 고혈압 등을 악화시키고 호흡성 알칼리증으로 태아 혈류가 감소되는 등 태아와 산모에게 악영향을 미칠 수 있기 때문에 진통을 적절히 제거해주는 것이 지혜로운 방법일 것이다. 주님께서도 불필요한 통증을 없애기 위해 에덴동산에서 아담을 깊이 잠들게(창 2:21) 하셨던 것이 아닌가! ❖

6

성경 속 날짐승
다시 보기

곧 그분의 영원하신 권능과 신격은
세상의 창조 이후로
분명히 보이며 만들어진 것들을 통해
깨달아 알 수 있나니
그러므로 그들이 변명할 수 없느니라.

(롬 1:20)

물총새
고속 열차도 따라하는 독특한 부리

처음 사진에 입문하면 주변에 널린 갖가지 피사체를 두서없이 찍게 되는데, 어느 정도 실력이 늘면 자신이 좋아하는 것 위주로 촬영을 하게 된다. 오래전 아내가 먼저 시작한 우리 부부의 사진촬영. 주로 풍경과 야생화, 조류 사진 위주로 출사를 가는데, 부부가 같은 취미를 갖기 힘들다는 이유만으로도 주위 사람들에게 부러움의 대상이 되고 있다.

보통 사진은 일출과 일몰 한 시간 전후에 좋은 작품이 나오기 때문에 이른 새벽부터 밤늦게까지 뛰어다닐 때도 있지만, 수백 장 중 한두 컷이라도 마음에 들면 그동안 쌓인 피로가 절로 없어지는 매력이 있어 또 다시 출사에 나서게 된다.

언젠가 지인으로부터 사냥의 명수 물총새가 있는 곳을 안내받아 이 녀석을 카메라 렌즈에 담는 기회를 얻었다. 몇 년 전에도 처음 물총새를 만났을 때 보기 힘든 장면을 목격했는데 이는 소위 팰릿(pallet), 즉 소화되지 않은 동물

❚ 새끼 앞에서 사냥한 물고기 다루는 법을 보여주는 어미

털과 뼈, 이빨 등의 집합체인 하얗고 단단한 것을 토하는 장면이었다.

그런데 이번에는 둥지에서 나온 지 하루 이틀밖에 되지 않은 어린 새끼와 어미가 둥지 주변에서 활동하는 모습을 찍게 되었는데 얼마나 귀여운지 알 수가 없었다. 횃대에 앉아 고개를 좌우로 돌려 주변을 살피기도 하고, 긴 부리로 깃털을 손질하기도 하며, 어미는 가끔씩 "삐~ 삐~ 삐~"하며 새끼를 불렀다.

어미가 나뭇가지 횃대 위에서 고개를 좌우로 움직여 물고기를 찾다가 어느 순간 날아올라 공중에서 정지비행(hovering)을 한 후 순식간에 물속으로 뛰어들었다. 그 속도가 어찌나 빠르던지 셔터 속도를 2천분의 1초가 안 되게 세팅해야만 했다. 눈 깜짝할 사이에 어미가 물고기를 잡은 다음, 기절시키기 위해 바닥에 패대기치는 모습을 카메라에 담을 수 있었다. 새끼가 보는 앞에서 물고기를 잡아서 어떻게 처리해야 하는지 어미가 손수 시범을 보여주는 모습을 보면서 하나님이 이 물총새에게 주신 놀라운 지혜에 감탄하지 않을 수 없었다(사진 참조).

특히 이 새의 모습은 아름다운 비취옥 같다고 하여 비조(翡鳥)라 부르기도 하는데, 이와 관련하여 최근 중국에서는 류구이쮀엔이라는 유명 배우가 물총새 80마리 깃털로 만든 머리 장식을 자랑하다가 구설수에 오르기도 했다.

우리 선조들은 이 새를 어호(魚虎, 물고기 잡는 호랑이)라는 멋진 이름으로 불렀고, 영어권에서는 킹피셔(kingfisher)라고 한다.

그런데 이 새가 다음과 같이 일본 고속열차 개발에 한 몫을 하게 되었다. 1964년 일본에서는 신칸센이라는 열차를 개통해 운행 중인데 속도는 무려 시속 322km나 된다. 과거에 이 열차는 매우 안전하다는 평가를 받았지만 단 한 가지 문제로 엔지니어는 고민에 빠졌다.

열차가 고속으로 터널을 통과할 때 엔진 앞부분은 공기를 압축하게 된다. 터널을 빠져나오면 이 압축된 공기 때문에 큰 꽹음이 발생하는데, 특히 창문 쪽에서 덜컹거리는 소음이 생겨 승객들은 놀라 잠에서 깨어나고 열차 주변에 사는 사람들에게도 큰 고통을 주었기 때문이다.

그러다가 드디어 자연에서 비상한 해결책을 찾은 어느 연구원의 제안을 받아들였는데, 바로 물총새의 부리 구조를 모방하는 것이었다. 그 결과 소음이 많이 줄고 에너지 소모는 약 15% 감소되었으며 속도도 10% 더 증가되었다고 한다.

물총새를 가만히 들여다보면 좀 어색하고 우스꽝스럽게 생겼다. 전체 체격에 비해 가분수처럼 커다란 머리, 굵고 긴 부리, 짧은 꼬리 때문이다. 그렇지만 유선형 부리는 물에 진입할 때 저항이 거의 없어 순식간에 물고기를 사냥하는 데 가장 적합하다. 신칸센이 이것을 모방한 것이다. 성경에 "하나님의 어리석음이 사람들보다 지혜롭고 하나님의 약함이 사람들보다 강하니라(고전 1:25)."라는 말씀이 있다. 우리 주변의 모든 창조물은 놀라운 지혜로 설계되었기 때문에 이들을 자세히 관찰하면 주님이 숨겨놓으신 비밀들을 드러내 주님을 높이고 인간을 이롭게 할 수 있는 것이다.

현재 물총새는 전 세계적으로 여러 변종이 있는데, 맨 처음 노아의 방주에 오른 한 쌍으로부터 여러 환경에 의해 변이(variation)가 일어나 현재는 약 85가지로 다양해졌다. 이런 변이를 진화론에서는 '소진화'로 생각하지만, 창조론자들은 '종 내에서의 다양성'으로 여긴다. 그러나 이런 변이들이 축적되어 다른 종으로 진화하는 일은 결코 없었고, 가능하지도 않은 일이다. 물총새는 언제나 같은 물총새로 우리 곁에 남아 있을 것이다. ❖

쏙독새
땅 바닥에 알을 낳는 여름 철새

올 봄 전북 야생화 사진동호회 '들꽃맞이' 회원들이 봄꽃을 담기 위해 인적이 드문 산길을 가고 있었다. 그때 덤불숲에서 "푸드득" 하며 새 한 마리가 날아갔고, 그 자리에 하얀 알 두 개가 바닥에 놓여 있었다.

새를 좋아하는 아내는 그냥 지나치지 않고 사진을 촬영하여 생태전문가에게 보여주었더니 귀한 쏙독새 알이라는 것이다. 그 알들이 부화되었을 것으로 예상되는 3주 후, 우리 부부는 약 30분간 경사가 심한 산길을 타고 조심스럽게 접근하여 그 장소에 도착했다. 아직 어미는 부화를 위해 포란 중이었다.

처음에는 주변 낙엽과 바위와 같은 색으로 위장을 하여 얼른 눈에 띄지 않았다. 자세히 보니 초등학생 책상만 한 넓이의 평탄한 곳에서 가늘게 실눈을 뜨고 부동의 자세로 앉아 알을 품고 있는 것이 아닌가!

포란하지 않을 경우, 주로 낮에는 나뭇가지와 같은 방향으로 붙어 있고, 어

■ 알을 품은 쏙독새. 주변 환경과 비슷해 눈에 잘 띄지 않는다.

두운 숲속이나 덤불이 있는 우거진 곳에 있기 때문에 쉽게 발견이 안 된다. 어떻게 저렇게 주위 사물과 거의 흡사하게 몸을 감출 수 있는지 보면 볼수록 신기했다.

3년 전에 위장술의 대가 '흉내 문어'에 관한 동영상을 보았다. 자신보다 강한 생명체를 만나면 독을 지닌 바다뱀이나 라이온피쉬로 변신하고, 게나 넙치 등 수십 가지 이상의 다른 형태로도 바뀌는 모습을 담은 매우 흥미 있는 영상물이었다. 이런 능력은 진화론으로 도저히 설명할 수 없다. 오직 주님의 지혜와 능력으로 창조되었기 때문에 가능한 것이다.

노랑텃멧새나 꼬마물떼새 같은 새들은 천적이 나타나 새끼가 위험에 빠지면 새끼가 없는 쪽에서 자신의 날개나 다리가 다쳤다는 의태행동(疑態行動)을 한다. 말하자면 '나 잡아봐라~' 하며 고단수 연기로 새끼에게 시선이 안 가도록 하면서 시간을 벌어 안전한 곳으로 새끼를 피신시키는 놀라운 모성애를 발휘한다. 우리가 며칠 후 부화된 뒤에 다시 그 장소를 찾아 접근하자 쏙독 새 어미도 자신의 생명 같은 새끼를 보호하기 위해 이런 의태행동을 보여주었 다. 누가 가르쳐주지도 않았는데 날 때부터 이런 행동을 한다는 것은 진화론 으로는 납득할 수 없는 일이다.

　그러면 쏙독새가 대부분의 다른 새처럼 둥지를 틀지 않고 그냥 풀숲 땅바 닥에 두 개의 알을 낳아 기르는 이유는 무엇일까? 이런 궁금증은 성경 욥기 를 보면 풀릴 것이다.

네가 공작에게 멋진 날개를 주었느냐? 혹은 타조에게 날개와 깃을 주었느냐? 타조 는 자기 알들을 땅 속에 버려두어 흙 속에서 따뜻하게 하고 발이 그것들을 으깨거 나 들짐승이 깨뜨릴 것도 잊어버리고 자기 새끼들을 무정하게 대하되 마치 제 새끼 가 아닌 것처럼 하며 자기 수고가 헛될지라도 두려워하지 아니하나니 이는 하나님 이 그것에게서 지혜를 빼앗고 그것에게 명철을 나누어 주지 아니하였기 때문이라. (욥 39:13~17)

　따라서 흔히 '본능'이라고 일컫는 이런 능력을 주님께서 각 종류별로 다르 게 주셨기 때문인 것이다.

　온몸이 흑갈색인 쏙독새(caprimulgus indicus)는 몸길이가 약 28cm로 꽤 큰 편인데, 부리가 크고 그 주변에 긴 털이 있어 먹잇감을 잡는 데 유리하며 날개 와 꼬리가 길어 맹금류와 비슷하다. 4월 하순부터 8월 중순까지 주로 밤에 나방이나 딱정벌레·벌·메뚜기 등 곤충을 잡아먹는 여름 철새이다. 추운 겨 울을 피해 따뜻한 남쪽 지방으로 갔다가 봄이 되면 다시 날아와 여름을 우리 나라에서 지내는 여름 철새는 대표적인 것으로 후투티·청호반새·파랑새·뻐 꾸기·흰배지빠귀·찌르레기·제비·노랑할미새·개개비 등이 있다.

그런데 이런 새의 한 종류인 또 다른 쏙독새(poorwill)는 미국 미시시피 강 서쪽의 황야에서 북쪽으로 캐나다 남서부의 브리티시컬럼비아까지 번식하며 역시 2개의 흰색 알을 땅 위에 낳는다고 한다. 특히 지금까지 조류는 겨울잠을 자지 않는다고 알려졌지만 이 새는 흥미롭게도 캘리포니아에서 멕시코 중부에 걸친 지역에서 동면을 하는데, 겨우내 부동자세로 바위 갈라진 틈에 매달려서 지낸다는 것이다.

이런 사실로 미루어 볼 때 노아의 방주로 피신했던 조류를 포함한 의외로 많은 동물이 동면을 했을 것으로 생각된다.

이제 가을이 되면 이 새는 중국이나 필리핀, 인도차이나 반도, 말레이 반도 등 남쪽으로 떠나겠지만 다시 찾아와 숲속 여기저기에서 "쏙, 쏙, 쏙, 쏙~." 하며 봄을 노래할 것이다. 그때는 우리 부부가 보았던 알에서 나온 두 마리의 아기들도 자라서 함께 출생지인 이 숲에 찾아와 주길…. ❖

참새
흔한 참새를 통한 흔치 않은 묵상

내가 깨어 있어 지붕 위의 한 마리 외로운 참새 같으니이다. (시 102:7)

참새 다섯 마리가 이 앗사리온에 팔리지 아니하느냐? 그러나 하나님 앞에서는 그것들 중의 하나도 잊히지 아니하느니라 오직 아버지께서 너희 머리털까지도 다 세셨으니 그러므로 두려워하지 말라 너희는 많은 참새보다 더 귀중하니라. (눅 12:6~7)

아침마다 창밖에서 어김없이 짹짹거리며 새벽잠을 깨우는 텃새이며 우리와 친근한 참새. 오래전 다윗과 예수님도 언급하셨던 새, 유머 시리즈에도 단골로 등장하는 참새에 관한 이야기이다.

지금은 기억이 가물거리지만 초등학교에 입학할 나이로 거슬러 올라가 본다. 목이 쉬고 잠기면 아버지께서는 밝은 등을 이용해 저녁 처마 밑에서 잠자는 참새를 잡아 식초로 간을 해 특별식(?)을 만드셨다. 지금은 참새구이가

최고의 맛으로 손꼽히지만 어린 나이에 참새를 날 것으로 먹는다는 것은 그야말로 고문 그 자체였다.

논에 벼가 익어갈 때면 어김없이 몰려오는 수백 마리의 참새 떼를 쫓기 위해 목이 쉬도록 "후여~ 후여~" 소리를 치기도 하고, 하다하다 나중에는 카바이드 화약통을 만들어 "빵" 하는 총소리로 쫓곤 했다. 또한 추운 겨울이면 흰쌀을 땅바닥에 놓고 소쿠리를 엎어 한쪽을 괴었다.

그리고 끈을 연결해 참새가 쌀을 먹으러 오면 끈을 당겨 소쿠리 안에 갇히게 해서 참새를 잡기도 했다. 이 모두가 지금도 간직하고 있는 참새에 관한 추억들이다. 그러고 보니 입장 바꿔 생각하면 참새에게는 아픈 추억들인가?

시편 102편 7절 말씀은 다윗이 왕위에 오르기 전 극심한 환난과 고통을 겪고 있는 상황을 말해준다. 그 곁에 외롭게 앉아있는 참새 한 마리를 자기 처지에 빗대어 주님께 토로하는 구절이다. 환경오염으로 개체수가 많이 감소되었지만 무려 3,500년 전 다윗 시대에 존재했던 참새가 멸종되지 않고 지금까지 우리 곁을 지키고 있다는 자체가 그저 감사할 뿐이다.

우리 주님께서도 그 당시 가난한 사람들의 양식으로 시장에서 팔리는 참새 이야기를 하셨다. 한 앗사리온*에 참새 두 마리를(마 10:29), 두 앗사리온에 네 마리가 아닌 다섯 마리를 살 수 있다는 것이다(눅 12:6). 값이 싼 참새는 네 마리만 사도 덤으로 한 마리를 추가 증정(?)했다는 이야기다. 참새같은 하찮은 새도 주님께서 기억하시는데 하물며 이보다 훨씬 소중한 존재가 우리 인간이니 더욱 귀하게 여기시고 지키시겠다는 말씀이 어찌나 큰 위안이 되는지… 참새 덕분에 이 말씀이 더욱 마음에 깊이 와 닿는다.

더구나 주님은 우리의 머리털까지 세신다고 하셨다. '세다'는 단순히 카운팅(counting)이 아니라 넘버링(numbering)과 라벨링(labelling), 즉 머리털 하나 하나에 번호를 매기고 이름까지 붙이신다는 뜻이란다. 참으로 놀랍도록 섬세하신 주님은 하나님의 형상을 지닌 소중한 존재로 우리를 창조하시고 사랑하고 계신다!

참새는 한자로 雀(참새 작)인데, '작은 + 새'를 의미한다. 따라서 참새의 '참'은 진짜(眞)라는 뜻보다는 '참깨'처럼 크기가 작고, '참나리'처럼 흔하다는 뜻을 지녔다고 볼 수 있다.

참새는 겁이 많아 사진 촬영이 생각보다 쉽지는 않다. 갈색 머리와 흰색 목, 귀깃에 반달모양의 검은 털까지 카메라에 잡힌 그 모습을 보면 정말 아름다운 주님의 걸작임을 알 수 있다.

이 새를 주의깊게 관찰해보면 여러 가지 다른 소리로 서로 의사소통을 하

---

* 1 앗사리온은 당시 노동자의 하루 품삯인 1 데나리온의 16분의 1

는데, 동물의 의사소통 행위를 연구한 학자들에 의하면 대개 조류는 15~25 가지 신호를 쓴다고 한다.

참고로 주님께서는 새를 포함한 동물(짐승)들도 사람처럼 영·혼·육으로 창조하셨음을 알 수 있다.

위로 올라가는 사람의 영과 땅으로 내려가는 <u>짐승의 영</u>을 누가 알리요? (전 3:21)

일반 성경에는 '영'을 '혼'으로 의도적으로 달리 번역하여 "인생들의 혼은 위로 올라가고 짐승의 혼은 아래 곧 땅으로 내려가는 줄을 누가 알랴(개역개정)"라고 되어 있다.** 그러나 우리말에 '영물'이라는 표현이 있듯이, 영이 있기 때문에 도축장으로 끌려가는 소는 눈물을 흘리기도 한다. 나귀는 영안이 열려 주의 천사를 보기도 하고, 입을 열어 자신의 주인 발람에게 말까지 했던 것이다(민 22:22~33). 최근 텔레파시를 통해 동물과 교감하는 '애니멀 커뮤니케이터'라는 직업과 사이트가 인기를 끌고 있는 것도 이런 연유 때문인지 모르겠다. 그럼에도 불구하고 동물은 전도서 말씀처럼, 사람과는 달리 영원하지 않고 육체의 죽음과 함께 소멸될 것이다.

진화론자 다윈이 갈라파고스 군도에서 관찰한 13종의 멧새도 참새와 같은 종류이다. 이렇게 다양한 이유는 진화된 것이 아니라 주님께서 여러 환경에 적응할 수 있도록 부여하신 다양성 때문이며, 노아의 방주에 오른 참새 한 종류로부터 이렇게 번성하였을 것이다. 이처럼 눈만 돌리면 볼 수 있는 친근한 참새를 통해 창조 세계의 많은 진리를 깨닫게 하신 주님께 감사드린다. ❖

** '원문에는 영임'이라고 주석을 달아 놓은 경우도 있음

까마귀
새대가리 아닌 조류계의 브레인

까마귀를 내보내매 까마귀가 물들이 땅에서 마를 때까지 여기저기 오갔더라. (창 8:7)

까마귀들이 아침에 빵과 고기를 그에게 가져오고 저녁에 빵과 고기를 가져왔으며 그가 그 시내에서 물을 마셨는데 (왕상 17:6)

　겨울철이면 농촌 들판은 수천 마리의 까마귀 떼로 온통 검게 뒤덮일 때가 있었는데, 개구쟁이였던 나는 발밑에서 적당한 크기의 돌을 골라 녀석들을 향해 힘껏 던지곤 했었다. 그러면 모든 까마귀들이 동시에 내는 "사사사삭~" 하는 날갯짓 소리와 함께 하늘에 원을 그리듯 빙빙 돌면서 만들어내는 군무는 정말 멋지고 장엄한 장면이 아닐 수 없었다.

　까마귀는 우리나라 어디에서나 볼 수 있는 텃새로 보통 때는 숲속에서 살다가 겨울이면 무리를 지어 날아다닌다. 보통 흉조로 알고 있지만 길조로 여기는 나라도 있다. 이 새를 주제로 한 이야기나 전설은 어디나 다 있을 것이다.

까마귀 검다 하고 백로야 웃지 마라
겉이 검은들 속조차 검을쏘냐
겉 희고 속 검은 이는 너뿐인가 하노라

두 왕조, 고려와 조선을 섬기며 자신의 결백함을 주장하는 이직(1362~1431)이 비유로 지은 시조가 우리에게는 아직도 익숙하다.

조선 인조 때 학자 홍만종의 저서 「순오지」에 기록된 '까마귀 날자 배 떨어진다.'라는 뜻의 오비이락(烏飛梨落), 60일 동안 어미가 가져다 준 먹이를 먹고 자란 까마귀가 60일 뒤에는 어미에게 먹이를 물어다 주는 행동에서 유래한 반포지효(反哺之孝) 등의 사자성어도 있다. 우리나라 고대사회에서 유래한, 태양 속에 사는 다리 셋 달린 삼족오(三足烏)란 전설도 까마귀가 주인공이다.

전해 내려오는 여러 이야기들 중에는 잘못된 상식도 있는데, 예를 들어 까마귀가 어미를 봉양하는 효조(孝鳥)로 알려졌지만 사실은 어느 정도 성장하면 새로 태어날 동생들을 위해 어미를 도와 먹이를 물어다주는 습성 때문이란다. 아무튼 기특한 점은 맞는 것 같다.

흔히 머리 나쁜 사람을 '새대가리'라고 하지만 까마귀의 지능적인 행동을 살펴보면 그 말이 쏙 들어갈 것이다.* 진화론자들은 침팬지가 무슨 도구만 사용해도 진화의 실마리라며 호들갑이지만, 진화의 시간표에서 실로 까마득

---

* 까마귀나 앵무새 같은 조류의 뇌구조를 보면 단위면적당 뉴런(neeuron) 개수가 원숭이보다 2배나 많기 때문에 인지능력이 원숭이와 같거나 더 뛰어나다는 사실 하나만으로도 새가 진화하여 원숭이가 되었다고 주장하는 진화론이 틀렸음을 증명해 줄 것이다.

■ 생각보다 훨씬 영리한 새, 까마귀

한 까마귀를 보면 경이로움 그 자체이다. 철사를 직접 구부려 병속의 먹이를 꺼내거나, 이솝우화에서처럼 목이 좁은 병 안에 먹이가 있으면 물체를 집어넣어 수면을 높인 다음 먹는다고 한다. 어떻게 까마귀가 아르키메데스 부력 원리를 알고 이런 행동을 하는지 그저 놀라울 뿐이다.

더구나 어느 도시에서는 신호대기 중인 차 앞에 껍질이 단단한 호두를 일부러 떨어뜨린다는 것. 그러고 나서 출발하는 차바퀴에 껍질이 깨지고 나면 가서 먹을 정도이다. 거울 속에 비친 자신을 인식하기도 하고, 심지어 거울을 이용해 물체를 찾을 정도로 지능이 높다.

사진은 몇 년 전 편백나무 숲이 조성된 제주도의 한 펜션에서 만난 까마귀이다. 전깃줄에 오랫동안 앉아 있었는데 사람이 접근해도 날아가지 않아 불과 5m도 안 되는 거리에서 촬영을 할 수 있었다. 아마 사람들이 자신을 해치지 않는다는 사실을 알기 때문인 것 같았다.

이 새는 성경 여러 곳에 등장하는데, 노아의 대홍수 때는 물이 얼마나 빠졌는지 알아보기 위해 노아는 까마귀를 내보냈다(창 8:7~8). 배도의 시대를 사는 엘리야에게 빵**과 고기를 물어다주는 역할을 충실히 수행한 것도 까마귀였다(왕상 17:6). 주님께서 부정하다고 가증하게 여기시는(레 11:15) 날짐승인데도 때로 이와 같은 막중한 임무를 맡기셨는데, 그 깊은 뜻을 우리 인간이 어찌 다 알 수 있으랴! 그 외에 부모를 조롱하며 불순종하는 자녀에 대해 무시무시한 화가 임할 것을 말씀하실 때에도 까마귀가 등장한다.

자기 아버지를 조롱하며 자기 어머니에게 순종하기를 싫어하는 눈은 골짜기의 까마귀들이 쪼아내고 독수리 새끼들이 먹으리라. (잠 30:17)

이처럼 까마귀나 독수리는 심판을 비유하는 다소 무서운 도구로도 사용된다. 우리 주님은 까마귀에게 독특한 본성과 지혜를 주셔서 노아의 대홍수나 엘리야를 위한 사역에 사용하셨다. 이 날짐승은 우리가 생각하는 것보다 더 뛰어난 존재임이 분명하다. 따라서 진화론의 주장처럼 오랜 시간에 걸쳐 육식공룡이 새(鳥)로 진화했다는 것은 허무맹랑한 이론에 불과하며 이를 뒷받침할 만한 화석과 같은 증거는 전혀 없다.

모든 육체가 같은 육체는 아니니 한 종류는 <u>사람의 육체</u>요, 다른 것은 <u>짐승의 육체</u>요, 다른 것은 <u>물고기의 육체</u>요, 다른 것은 <u>새의 육체</u>라. (고전 15:39)

이처럼 새는 하나의 독립된 육체로 피(血)를 지니고 있으며 주님이 독창적으로 설계하신 존재이다. 까마귀는 그런 새들 중 하나이며, 그분이 특별한 목적으로 만드신 매우 영리한 창조물인 것이다. ❖

** 개역성경은 '떡'으로 번역. 그러나 떡은 찌는 것이며 빵은 굽는 것으로 유대인들은 떡이 무엇인지조차 알지 못했으므로 모두 '빵'으로 번역되어야 함

파랑새
우리 안에 사는 희망과 행복에 관하여

나는 나는 죽어서 파랑새가 되어

푸른 하늘 푸른 들 날아다니며

푸른 노래 푸른 울음 울어 예으리

나는 나는 죽어서 파랑새 되리

　한센병 환자 한하운이 지은 '파랑새'라는 제목의 이 시는 자신의 속박된 현실에서 새처럼 벗어나고픈 심정을 잘 표현하고 있다.

　벨기에 희곡작가 마테를링크의 「파랑새」는 크리스마스 전날, 어린 남매 치르치르와 미치르가 요술쟁이 할머니의 부탁을 받고 파랑새를 찾아다니는 이야기이다. 온갖 고생을 했지만 결국 못 찾고 돌아왔는데 이 모든 것이 꿈이었다는 것. 그리고 잠에서 깨어나 보니 자기 집 새장 안에 있던 새가 바로 행복을 의미하는 파랑새라는 사실을 알게 되었다는 작품이다. 행복은 멀리 있는

▌ 곤충을 물어 새끼에게 날아가는 파랑새

게 아니라는 것이다. 이와 연관해 '파랑새 증후군'이라는 단어도 생겨났는데, 실현 가능성이 없는 행복만을 꿈꾸며 현실에 만족하지 못하는 심리 상태를 의미한다고.

파랑새(broad-billed boller)는 약 28cm 길이에 몸은 청록색, 머리는 검정색, 그리고 다리와 부리는 연한 분홍인 산호색을 띠고 있다. 특히 부리는 굵고 짧은데 이런 특징이 영어 명칭에 잘 담겨 있다.

이 새는 우리나라 전역에서 서식하며 앞에서 소개한 물총새처럼 겨울이면 남쪽으로 이동하는 여름 철새이다. 그리고 산란기는 5월 하순에서 7월 상순까지이며 한 배에 보통 3~5개 알을 낳는다.

매년 일정 시기에 경주 흥덕왕릉 소나무 숲에 머문다는 정보를 얻은 뒤 하루는 이 창조물을 앵글에 담기 위해 새벽 2시에 일어났다. 혼자 차를 몰고 가면서도 멋진 새를 만날 수 있다는 기대감에 3시간 반을 운전하면서도 전혀 피곤을 못 느꼈다. 도착해 보니 이미 전국에서 몰려온 여러 사진작가들이 나보다 먼저 촬영 준비를 하고 있었고, 어미 새는 새끼가 무럭무럭 자라는 꿈을 꾸며 아침부터 쉴 새 없이 여러 곤충들을 물어다 주고 있었다.

이제 새끼가 둥지에서 "개개갯~ 개개갯~"하며 제법 어미처럼 소리를 내고 고개도 내미는 것을 보니 며칠 안으로 이소*할 것 같았다. 그리고 독수리 편에서도 다시 언급하겠지만 사진 속 이 새를 자세히 보면 날개 전면 모서리 중간 쯤 작은 깃털(앨룰라)이 보인다. 비행기 전연장치도 이를 모방하여 만들었는데 이 깃털은 공기 흐름을 조절하여 급강하해도 머리가 물체에 부딪히지 않도록 속도를 조절해주는 놀라운 구조물인 것이다.

파랑새는 외국에서는 희망의 상징이지만 우리나라 전래 민요인 '새야 새야 파랑새야'에서는 다른 의미로 사용되었다.

새야 새야 파랑새야 녹두밭에 앉지 마라
녹두꽃이 떨어지면 청포** 장수 울고 간다.

---

* 離巢, 새의 새끼가 자라 둥지에서 떠나는 일
** 녹두로 만든 묵

이 민요의 유래에 대해 몇 가지 설이 있지만 가장 설득력 있는 것은 1894년 동학농민운동 관련설이다. 일제강점기 때의 관리 조병갑의 횡포를 견디다 못해 전봉준이 주축이 되어 일어난 운동이다. 그래서 파랑새는 푸른색 군복의 일본과 청(淸)나라를, 녹두꽃은 키가 작아 녹두장군으로 불린 전봉준을, 그리고 청포 장수는 조선의 백성을 상징한다는 설이다. 1994년경 8부작으로 방영된 MBC 드라마 〈새야 새야 파랑새야〉도 동학농민운동을 본격적으로 다룬 첫 드라마였다.

그러나 조류 전문가들에 의하면 사실은 파랑새를 비롯해 몸이 청색이나 녹색, 남색을 띈 동박새나 방울새, 유리새 등은 모두 녹두밭에 앉을 가능성이 낮기 때문에 위의 민요에 나오는 파랑새는 상징적인 새라고 볼 수 있겠다.

최근 몇 년간을 되돌아보면 사회와 경제, 문화, 도덕 등 모든 영역에서 무질서가 증가하고 있다. 인류는 점점 희망을 잃어가고 있는 듯하다. 하나님을 모르는 자들은 지구 너머의 외계에서 희망의 존재가 나타나거나 다른 행성에서의 삶까지도 생각하는 모양이지만 진짜 평안과 행복은 하나님이 인간을 위해 주신 이 지구뿐이다.

믿는 자들도 자기 안에 살아계신 분보다는 외적인 성공과 물질만을 바라는 때가 요즈음이다. 당연히 그런 것들은 희망이 없는 신기루이며 진짜 파랑새는 우리 안에, 그리고 성경에만 있음을 잊지 말아야겠다.

비록 암담한 현실의 문제들이 우리 눈앞을 가리지만 주님께서 재림하셔서 직접 통치하실 놀라운 세상의 비전을 마음속에 항상 간직하며 거룩한 신부로 살아가자. 가까운 장래에 나팔소리와 함께 희망과 행복의 상징 파랑새처럼 주님과 함께 저 푸른 하늘로 날아오를 그 날을 고대하면서… ❖

비둘기
희생 제물로도 사용된 평화의 상징

　무더위가 시작되는 올 6월 초순경 익산 소라산에서 청딱따구리 서식처를 발견했으나 이미 새끼가 이소를 한 뒤였다. 아쉽지만 차를 돌려 서행하면서 창밖을 보니 조그만 물웅덩이에서 비둘기를 포함한 여러 종류의 새들이 물을 먹거나 목욕을 하고 있는 것이 아닌가!

　이런 멋진 장면을 그냥 지나칠 수 없기에 차에서 내리지 않고 안에서 커튼으로 위장을 한 다음 물방울을 튀기며 목욕하는 다양한 모습을 담을 수 있었다. 다른 새들과 달리 비둘기는 부리를 물속에 넣고 오랫동안 움직이지 않아 사진 촬영하기가 좋았는데, 원래 이런 자세로 물을 꿀꺽꿀꺽 먹는다는 사실을 나중에 알게 되었다.

　산비둘기는 울음소리가 특이하기 때문에 한 번 들으면 오랫동안 기억에 남을 것이다. "꾸욱 꾸욱 꾸 꾸, 꾸욱 꾸욱 꾸 꾸…." 하는 소리가 조금은 청승맞게 들리기도 한다. 경남 지방에서는 이를 빗대어 "제집 죽고 자석 죽고 서

▌부리를 물속에 넣고 물을 마시는 비둘기

답빨래* 누가 할꼬", 즉 '마누라 죽고 자식 죽고 속옷 빨래는 누가 할 것인
가?'라는 은유적 표현이 전해 내려오고 있다. 나도 오래전에 저렇게 구슬프게
우는 새 이름을 몰라 아내에게 물어볼 때도 있었다.

비둘기는 노아의 방주에서 생존한 한 종류가 현재 전 세계적으로 300여 가
지로 분화되었지만 산비둘기와 집비둘기가 거의 대부분을 차지한다. 흥미롭
게도 성경에서 이런 내용을 엿볼 수 있는데 먼저 노아의 대홍수 후 물이 얼마
나 빠졌는지 알아보기 위해 노아가 비둘기를 내보낸다.

저녁때에 비둘기가 그에게 돌아왔는데, 보라, 그것의 입에 잡아 뜯은 올리브 잎사귀
가 있더라. 이처럼 노아가 물들이 땅에서 줄어든 줄 알았으며 (창 8:11)

* 서답은 빨래를 뜻하는 사투리. '서답빨래'는 개짐(옛날 생리대 용도의 천이나 속옷) 등 남에게 보이기 어려운
  빨랫감

그런데 이 비둘기가 아브라함 시대 이후에는 다양한 환경에 따라 적응하고 번성하였기 때문에 산비둘기(turtledove)와 집비둘기(pigeon)로 나누어 언급하셨을 것이다.

여덟째 날에 <u>산비둘기</u> 두 마리나 <u>집비둘기</u> 새끼 두 마리를 가지고 회중의 성막 문에 와서 제사장에게 줄 것이요 (민 6:10)

이처럼 비둘기는 모세의 율법에 따라 정결한 날짐승으로 분류되어 희생 예물로 사용되었는데 특히 가난한 사람들을 위한 것이었다(창 15:9; 레 5:7; 눅 2:24). 그리고 사랑하는 사람을 아름다운 비둘기에 비교하기도 하고(아 5:12), 성령님을 상징하기도 했다(마 3:16).

그럼 여기서 비둘기의 몇 가지 특성을 살펴보자. '대한민국 새 할아버지'로 알려진 우용태 교수가 쓴 「물총새는 왜 모래밭에 그림을 그릴까」라는 책에도 자세히 언급된 내용이다.

먼저 비둘기 중에서 산비둘기는 우리나라에서는 꿩 다음으로 대표적인 사냥감인데, 아마도 고기 맛이 좋기 때문일 것이다. 과거에 아이들은 비둘기 고기를 먹으면 안 된다는 말도 있었다. 비둘기는 알을 한 배에서 두 개씩 낳고, 부화되면 거의 암수 한 쌍이라고 한다. 많은 자손을 보기 원하는 집안 어른들은 이런 비둘기의 특성을 알고 못 먹게 했을 수도 있고, 한편으로는 고기 맛이 워낙 좋아 먹을 양이 부족하니 어른들만 먹기 위해 억지로 지어낸 말일 수도 있겠다.

비둘기는 성장속도가 빨라 환경이 좋으면 한 쌍이 1년에 약 50마리 이상으로 늘어난다. 다른 조류와는 달리 뇌하수체 호르몬인 프로락틴(prolactin)의 영향으로 포유류의 젖과 화학성분이 비슷한 피존 밀크(pigeon milk)를 생산하기 때문이다. 새끼를 양육하는 동안 암컷과 수컷의 소낭 내벽에서 나오는데, 영양이 풍부한 이런 우유로 새끼가 빠르게 성장할 수 있다고 한다.

또한 비둘기는 깃털이 잘 빠지는데 이것은 맹금류에게 잡힐 경우, 깃털만남기고 몸은 쉽게 빠져 도망갈 수 있는 보호 장치로 볼 수도 있다.

귀소본능이 매우 강하다는 것도 비둘기의 특징이다.[**] 특히 집비둘기 중에서 귀소본능이 강한 품종만을 골라 개량한 것이 전서구(傳書鳩), 즉 '편지를 전하는 비둘기'이다. 오랜 역사를 지닌 비둘기 통신은 제1차 세계대전에는 약 10만 마리, 제2차 세계대전에는 약 20만 마리 이상이 활용되었고, 중국 깊은 산악지대 사람들은 지금도 이용하고 있다고 한다.

전서구는 하루 종일 먹지도 쉬지도 않고, 하루에 1,000km까지 날 수 있다. 속도도 빨라서 서울에서 부산은 4~5시간이면 소식을 전할 수 있다는 것이다. 비둘기 역시 주님께서 특색 있는 종으로 창조하셔서 우리 인간이 다방면에 선용할 수 있도록 주신 존재이다.

도심의 비둘기는 배설물과 몸의 위생 문제 등으로 골칫거리일 때도 있다. 하지만 사람과 함께 살도록 만들어져 노아의 방주에서 위험한 전령사 노릇을 했으며 희생물로도 사용된 새이다.

이제는 주변에 흔히 보이는 비둘기를 지저분하다고 외면하지 말고, 주님께서 지혜와 명철을 숨겨놓으신 고마운 창조물로 여겨 먹이라도 한 줌 주고 가면 어떨까? ❖

[**] 프랑크푸르트대학 과학자들은 비둘기 부리 피부(skin) 안쪽 감각신경 수상돌기에서 철을 함유한 특이한 입자를 발견하였다. 이것을 이용해 지구 자기장을 감지하는 비둘기는 귀소본능을 유감없이 발휘한다고 함. Springer Publications(2007. 3. 14.)지에 발표.

독수리
각기 다른 식성을 지닌 독수리 2형제

독수리가 자기 둥지를 휘저으며 자기 새끼들 위에 너풀거리고 자기 날개를 펴서 새끼들을 받으며 자기 날개 위에 그것들을 업는 것 같이 주께서 홀로 그를 인도하셨고 그분과 함께한 이방 신이 없었도다. (신 32:11~12)

독수리는 새끼가 어느 정도 자라면 혹독하게 훈련시키는 새로 알려져 있다. 어미는 먼저 보금자리를 없앤 다음 어린 새끼를 물고 높은 낭떠러지에서 일부러 떨어뜨려 땅에 닿기 직전에 날개로 받는 혹독한 훈련이다(신 32:11).

우리나라에서는 수리과에 속하는 새를 대부분 독수리라고 부르지만 사실 영어권에서는 이글(eagle)과 벌처(vulture) 두 가지로 구분하고 있다. 이글은 다리 힘이 강하고 직접 사냥을 하는 수리과에 속하는 새이고, 벌처는 주로 죽은 사체를 먹는 청소부 독수리이다. 물론 독수리는 5형제가 넘는 종류가 있는데, 이 녀석만이 사체를 먹는다.

■ 동물원에서 닭과 함께 사는 대머리독수리

이글이 하늘에서 빙빙 돌거나 정지 비행을 하고 있으면 닭이나 병아리뿐만 아니라 어린 아이도 낚아채지 못하도록(?) 집안 어른들이 숨겨 보호해주었던 기억이 있다. 어린 마음에 하늘을 절반이라도 덮을 것 같던 이 커다란 새 때문에 큰 공포감을 느끼곤 했다. 그러나 벌처는 이런 이글과 달리 살아있는 먹이를 공격하지 않는다.

독수리의 이런 특징 때문에 1970년대 초 경남 김해에서 네댓 살 된 아이를 채어 갔다는 말이 전해오지만 사실은 사람들이 오해를 한 것이다. 대부분 10kg 미만인 독수리는 자기 체중의 절반 이상 되는 무게를 싣고 날지 못하므로 이런 일은 불가능하다고 전문가들은 말한다. 어쩌면 이미 죽은 아이를 배고픈 독수리가 뜯어 먹는 것을 본 신문기자가 살을 붙여 소설을 썼을 수도 있다.

이 사진은 전주동물원에서 촬영한 대머리독수리(black vulture)인데, 살아있는 동물을 잡아먹지 않는 특성을 보여주기 위해 국내 최초로 한 울타리 안에서 닭과 함께 사육되고 있었다.

대머리독수리가 사체를 먹을 때 피가 털에 엉겨 붙지 않고 병균이 옮지 않도록 주님께서는 윗목에 깃털이 없고 솜털만 있게 처음부터 대머리로 창조하셨으니 얼마나 놀라운 지혜인가! 이렇게 사체를 먹는 특성 때문에 '육지의 청소부'라 부르는데, 위 속에 특수한 강력 산(酸)이 있어 탄저균이나 보툴리누스균 같은 병원균도 죽이므로 썩은 고기를 먹어도 아무 탈이 나지 않는다고 한다.

독수리를 포함한 조류의 날개 근처에는 공기 흐름을 조절해주는 작은 깃털 앨룰라*가 있어서 자유자재로 움직이는데, 이것을 새의 엄지(bird's thumb)라고도 부른다. 이 구조물은 공기 흐름을 와류(渦流)**로 바꾸기 때문에 시속 100km로 급히 하강해도 땅에 머리를 부딪치지 않고 목표물에 정확히 다가가 먹이를 잡을 수 있다. 즉 공기저항을 증가시켜 날아가는 힘을 방해하는 기능인 것이다. 만일 새들이 오랜 시간 진화되면서 이런 깃털 기능이 나중에 추가됐다고 가정하면 초창기 새들은 모두 뇌진탕으로 멸종되었을 게 뻔하다. 처음부터 완벽하게 제 기능을 발휘해야만 생존할 수 있는 것은 상식 아닌가.

어떤 아이가 산에서 독수리 둥지를 발견하고 알 하나를 꺼내와 집에서 어미 닭이 달걀을 품고 있는 곳에 넣어두었단다. 얼마 후 병아리와 함께 독수리도 알에서 깨어났는데, 이 독수리 새끼는 병아리 틈에서 같이 먹고 자고 병아리

---

* Alula, 라틴어로 작은 날개라는 뜻
** 공기나 물의 회전운동에 의한 소용돌이

처럼 행동을 하게 되었다. 그러던 어느 날, 닭장 위를 한 마리 독수리가 힘차게 날고 있었는데 이를 본 독수리 새끼는 '아~ 멋지다. 나도 저 새처럼 날 수 없을까?' 하며 날개에 힘을 주어 보았다. 그런데 이상하게도 날개에 힘이 들어가고 몸이 높이 떠올라 자기도 모르게 하늘을 날아갈 수 있는 게 아닌가! 이제 창공을 멋지게 날며 기쁨의 날갯짓을 했다.

"그래, 나는 닭이 아니라 독수리였어! 닭이 아니라 독수리였다고!!"

이 독수리는 독백을 통해 하나님께서 다른 동물과 마찬가지로 날개달린 모든 날짐승도 그 종류대로 창조하셨다는 사실을 간접적으로 선포하고 있다(창 1:21). 누가 뭐래도 독수리는 원래 독수리이고, 닭은 닭이다. 주님은 이들에게 각자의 환경에 가장 잘 적응하도록 지혜를 나누어 주셨고, 저마다 놀라운 재능을 부여하신 것이다. ❖

갈매기
새우깡 한 개, 바닷물 한 모금?

잔잔한 물결이 이는 푸른 바다 저 멀리 고기잡이 배 한 척이 다가온다. 이럴 때 이미 학습된 갈매기들은 먹을거리가 있다는 것을 알고 "끼룩 끼룩" 소리를 내며 배를 향해 날아간다. 승객들이 과자를 던져주는 여객선도 마찬가지다. 아마도 갈매기들 사이에서는 새우깡이 널리 알려진 먹을거리가 아닐지….

이런 풍경을 어느 항구에서나 볼 수 있는 것은 갈매기가 다른 새처럼 사람을 무서워하지 않고 친근하게 다가오기 때문이다. 전 세계적으로 약 88종이 있고, 우리나라에서 약 33종이 발견된 갈매기는 겨울 철새이다. 그 중에서 고양이(괭이) 울음소리를 닮은 괭이갈매기는 독도에 많은 것으로 유명하다. 생김새가 제비를 닮은 쇠제비갈매기는 우리나라에서 번식하는 종이다.

창조과학 세미나를 인도할 때면 참석자들에게 다음과 같은 질문을 자주한다.

▐ 아내가 경주 대왕암에서 촬영한 갈매기 사진

"갈매기는 목이 마를 때 바닷물(염수)을 먹을까요? 아니면 민물(담수)을 먹을까요?"

그러면 대부분은 민물이라고 대답하지만 정답은 바닷물이다. 그리고 노아의 대홍수 강좌 시간에도 이와 유사한 질문을 하는데,

"남극과 북극의 빙하(氷河)는 민물과 바닷물 중 어느 것이 얼어서 만들어진 것일까요?"

이렇게 물으면 거의 모든 참석자들은 '바닷물'이라며 오답을 내놓는다.

그러면 갈매기가 염도 3%인 바닷물을 먹어도 생존하는 이유는 무엇일까? 모리스 버튼(M. Burton) 박사는, 한 마리 갈매기가 바닷물을 마실 수 있는 양은 사람과 비교하면 약 2갤런(8~9ℓ)에 해당하는데, 사람은 이것의 10%만 섭취해도 조직이 탈수되어 사망할 수 있다고 한다. 그러나 갈매기가 전혀 탈이

없이 바닷물을 마실 수 있는 이유는 바로 머리에 한 쌍의 분비선이 있기 때문이다.

이 분비선은 마치 빈병을 청소하는 솔과 같은 형태로 되어있는데 병 솔의 손잡이에 해당하는 중심관을 기준으로 수많은 관들이 연결된 구조이다. 분비선 주변은 풍부한 혈관들이 분포되어 있어 혈액 속의 염분이 제거되면 비강과 연결된 중심관을 통해 코로 배출된다. 이때 나오는 콧물은 바다 염분 농도의 두 배가 넘는다.

주님께서는 처음부터 완벽하게 일종의 정수 장치가 작동하도록 이 새를 디자인하시고 창조하신 것이다. 만일 이런 기능을 하는 기계가 있다면 인류의 식수문제 해결은 식은 죽 먹기가 아니겠는가!

하지만 현대 기술로도 바닷물을 담수로 만드는 데는 많은 비용이 들고 효율이 낮아 상용화가 어렵다. 그런데 갈매기는 날 때부터 아무 불편 없이 이 일을 해낸다. 갈매기보다 똑똑한 전 세계 사람이 머리를 짜도 안 되는 것을 어떻게 저절로 스스로 진화했다는 갈매기가 할 수 있을까? 과학은 상식을 전제로 하는 것이 아니던가?

갈매기는 인간에게 여러 가지 유익을 준다. 갯지렁이뿐만 아니라 농작물에 붙는 벌레나 메뚜기 등을 먹는 잡식성 날짐승이기 때문이다. 특히 항구와 해안에서는 음식물 찌꺼기까지 제거하므로 '바다의 청소부'라고도 부른다. '육지의 청소부' 독수리와 육해공의 청소부 쌍두마차라고나 할까.

과거에 이 새가 미국에서 식량을 지킨 사건도 있었다.

1847년 미국 유타 주 솔트레이크 시티에 백인들이 이주한 다음 해에 밀밭을 가꾸었지만, 풀무치의 일종인 누리 떼가 습격하여 농사를 망칠 위기에 놓였다. 누리떼는 보통 수십 억 마리, 많게는 100억 마리가 떼를 지어 하루에 약

160km나 이동하면서 8만 톤 정도의 농작물을 먹어치운다고 한다. 이처럼 위기의 순간에 그레이트솔트 호와 콜로라도 강에서 서식하는 수많은 갈매기가 날아와 며칠 동안 이 벌레들을 먹어치웠다. 그래서 1913년에 이곳 주민들은 고마움을 표하기 위해 성금을 모아 '갈매기 기념비'를 세운 것이다.

어군탐지기가 없던 시절, 어부들은 갈매기가 많이 모여 있는 곳에 그물을 쳐서 고기를 잡았다고 한다. 갈매기는 작은 고기 떼 위에 모여드는데, 이때 작은 고기를 먹이로 하는 큰 고기들이 몰려드는 특성을 이용한 것이라고.

지금까지 갈매기의 특성을 몇 가지 살펴보았다. 이 새가 바닷물을 정수하는 독특한 장치를 지니고 있듯이 모든 새도 각기 다른 특성을 지닌 존재로 처음부터 창조된 것이다. 참으로 우리 주님의 솜씨는 알면 알수록 놀랍지 않은가! ❖

딱따구리
구멍 뚫기에 최적화된 특별한 뇌구조

지금도 가끔씩 골목과 건물들 사이로 신나게 날아다니는 꿈을 꿀 때가 있다. 비록 창공을 나는 새보다 속도는 느리지만 날아다니는 기쁨은 그야말로 따봉! 날아다니는 꿈 때문인지 몰라도 '경비행기를 타고 세계 오지를 다니며 의료봉사를 할 수 있으면 얼마나 좋을까!' 하며 가끔 즐거운 상상에 빠지곤 한다. 인간은 새처럼 나는 꿈을 실현시켜 비행기를 발명했고, 머지않은 장래에 날아다니는 자동차까지 등장할 것으로 보인다. 그렇지만 아무리 성능 좋은 비행기나 날아다니는 자동차도 새에 비하면 조잡하기 짝이 없을 것이다.

이제 주님이 완벽하게 창조하신 날짐승 중에서도 남달리 독특한 딱따구리에 관해 살펴보자. 등산하다 보면 가끔 "따르르…" 하며 맑은 타악기 소리가 온 산속에 울려 퍼지는데, 바로 딱따구리가 나무에 구멍을 뚫는 소리다. 작고 가벼운 머리로 단단한 나무에 어떻게 구멍을 뚫을 수 있을까? 과연 어떤 구조로 되어 있기에 전기드릴같은 막강한 힘이 나올까?

딱따구리 부리가 움직이는 속도는 총알보다 무려 두 배나 된다. 나무를 쪼는 회수는 초당 약 15회. 이래서 가능한 것이다! '힘 = 질량 × 가속도(F=ma)' 라는 물리 공식에 따라 질량(머리)은 비록 작지만 가속도가 훨씬 커서 엄청난 힘이 나오기 때문이다. 그런데 뇌에는 특별하게 충격을 흡수하는 장치가 있고 끌처럼 생긴 부리에도 완충 작용을 하는 조직이 있어 이런 충격에도 뇌에 손상(뇌진탕)이 전혀 없다고 한다. 또한 좌우 각각 네 개의 발가락과 꽁지깃털이 삼각형을 이루어 나무에 몸을 꽉 고정시키기 때문에 파워풀한 드릴 작업이 가능한 것이다.

어디 그 뿐인가. 길게 뻗는 혀는 벌레를 잡아먹기 좋은 구조인데, 부피가 너무 크므로 평소에는 부리 속이 아닌 오른쪽 코 안쪽에 보관되어 있다. 벌레를 잡을 때면 오른쪽 코에서 시작된 두 가닥이 두개골 양쪽을 돌아 부리 밑의 구멍을 통해 나와 나무속에 숨어있는 벌레를 잡기에 충분한 긴 혀가 된다. 더구나 혀끝은 몸 쪽으로 바늘처럼 돌기가 나 있고 끈끈이주걱처럼 끈적거려 한 번 잡은 벌레를 놓칠 수 없게 만들어졌다. 이렇게 긴 혀를 이용해 하루에 2천 마리 이상의 해로운 벌레를 잡아먹음으로써 나무를 건강하게 지키는 고마운 새로 알려져 있다. 이 얼마나 오묘한 주님의 솜씨인가!

만일 이 새가 우연히 진화되었다고 상상해보자. 작은 머리로 총알 정도의 속도로 초당 8회를 쫀다고 해도 나무는 끄덕도 하지 않을 것이다. 게다가 충격을 흡수할 수 있는 머리 구조가 덜 진화되었다면 모든 딱따구리는 뇌출혈로 이미 지구상에서 사라지지 않았겠는가!

혀도 길게 진화되지 않으면 벌레를 잡을 수 없고, 설령 혀가 길게 진화되었

▌병든 나무를 치료하는 의사 오색딱따구리. 전주 근교 야산에서 촬영

더라도 콧속에 보관되도록 진화하지 못했다면 진즉에 질식사했을 것이다. 앞에서 예를 든 쥐덫처럼 모든 구조가 가장 적합하게 동시에 구성되고 한 치의 오차도 없이 작동되어야 살아남을 수 있는 것이다.

몇 년 전 중국 과학원 싱 슈 교수는 이족보행을 하는 육식공룡 데이노코사우루스를 '깃털이 있는 공룡'이라고 발표하였다. 공룡에서 새로 진화되었다는 강력한 증거라며 진화론자들을 흥분시켰었지만 나중에 이것은 거짓이며 자신의 상상에 불과한 것으로 밝혀졌다. 주님은 창조 제5일째에 공중에 나는 새들을 창조하셨는데, 이날 구멍 뚫기의 달인 딱따구리는 보통 새와는 또 다른 특별한 구조로 만드셨을 것이다.

나무를 병들게 하는 벌레도 잡아주면서 자연을 이롭게 하는 딱따구리는 우연히 진화된 것이 아니다. 오히려 합당한 목적으로 창조하신 하나님의 창조 원리를 잘 드러내 주는 소중한 작품인 것이다. ❖

꾀꼬리
재색을 겸비한 숲속의 팝페라 가수

흔히 목소리가 고운 사람을 '꾀꼬리 같다'고 말한다. 이른 아침 집에서 그리 멀지않은 황방산 등산로를 오르다 보면 여러 새들이 지저귀는데 그 중에서 특히 청아한 목청의 꾀꼬리 소리에 단연 귀가 솔깃해진다.

약 8년 전 조류 사진에 입문할 당시 이 멋진 새를 만난 적이 있었다. 위장 텐트를 치고 무거운 망원렌즈를 삼각대에 장착한 다음 숨죽이며 오랜 시간을 투자한 후에야 이 창조물을 생생하게 담을 수 있었다.

이 새는 평소에 "끼 꼬꼬 꼬기오~끼 꼬꼬 꼬기오~" 하며 울기 때문에 마치 아름다운 팝페라 가수의 노래처럼 들리지만 사람이나 다른 새가 둥지에 접근할 때 "꽤애액~ 꽤애액~" 하며 내는 소리는 얼마나 귀에 거슬리는지 모른다.

꾀꼬리는 몸길이가 26cm 정도 되는 여름 철새이다. 부리는 선홍색이며, 몸

전체는 황금색을 띠고 있다. 그래서 푸른 숲속에서 나는 모습을 보고 어떤 사람들은 '마치 금덩어리가 날아다니는 것 같다'고 말하기도 한다.

보통 다른 새들, 예컨대 파랑새나 어치 같은 새들은 빛깔이 고운 대신 울음소리가 거칠거나 시끄럽다. 반대로 휘파람새나 종다리 등은 울음소리는 청아하지만 빛깔이 화려하지 않고 평범한 편이다. 그러나 꾀꼬리는 드물게 이 두 가지를 모두 겸비한 특별한 새라고 볼 수 있다.

이런 꾀꼬리의 아름다운 자태와 고운 울음소리는 단지 짝짓기를 위한 수단으로 아주 먼 과거로부터 조금씩 진화한 결과일까? 그러면 다른 새들은 왜 이렇게 고운 소리를 내지 않을까? 노래도 아무나 부르면 괴롭듯이 조류 중에도 가수는 따로 있는 것이다.

이 새는 예부터 많은 시가 문학에 등장하는데, 고구려 2대 유리왕이 지었다는 '황조가(黃鳥歌)'에서 '황조'는 꾀꼬리의 별명이다.

翩翩黃鳥(편편황조, 펄펄 나는 저 꾀꼬리)

雌雄相依(자웅상의, 암수 서로 정답구나)

念我之獨(염아지독, 외로워라 이 내 몸은)

誰其與歸(수기여귀, 뉘와 함께 돌아갈꼬)

유리왕은 송(宋) 씨를 왕비로 맞아들였는데 약 1년 뒤에 사망하자 우리나라 사람 '화희'와 한나라 사람 '치희'를 계비로 맞아들였다. 그러나 두 사람은 늘 다투었는데 어느 날 치희가 마음에 큰 상처를 입고 한나라로 도망을 갔다고 한다. 사냥에서 돌아온 왕은 뒤늦게 사랑하는 임이 떠난 것을 알고, 그 슬픈 심정을 꾀꼬리에 비유하는 우의적(愚意的) 기법으로 이렇게 표현하였는데, 이

▋오랜 잠복 끝에 촬영한 꾀꼬리

| 창조세계와 과학의 올바른 나침반 |

작품은 우리나라 최고(最古)의 서정시로 알려져 있다.

꾀꼬리는 번식기가 되면 공격성이 강해져 둥지 근처로 다가오는 까치나 까마귀, 심지어 매나 사람까지도 공격을 한다. 그래서 새를 연구하는 사람들은 이런 공격성을 통해 근처에 둥지가 있다는 것을 알아낸다고. 꾀꼬리는 먹이로 여러 가지 곤충뿐 아니라 오디나 버찌 같은 열매도 잘 먹는데, 사진을 촬영하는 동안에도 이런 먹이들을 열심히 물어다가 새끼에게 주는 장면을 볼 수 있었다.

이른 새벽 청아한 꾀꼬리 노랫소리가 숲속에서 들리면 나도 모르게 발걸음은 어느새 소리 나는 쪽을 향한다. 내 귀에 그 고운 소리들이 차곡차곡 쌓이면서 일상에서 받은 스트레스는 연기처럼 사라진다. 이제 내 마음은 이런 멋진 작품을 만드신 주님께 영광을 돌리고, 콧노래를 부르며 걷는 발걸음은 한결 가벼워지는 것 같다. ❖

밤의 사냥꾼들
극세사 깃털로 소리 없이 어둠을 가르다

보통 부엉이는 마을 사람들이 모이는 농촌 정자나무에 살면서 해충과 쥐를 잡아준다. 그래서 오래전부터 사람들은 이 새를 마을 수호신 내지는 중요한 손님으로 생각했다. 또한 부엉이는 자신을 해치지 않을 것 같으면 사람을 별로 경계하지 않기 때문에 "부~ 부~" 하며 자신의 소리를 흉내 내는 사람 근처까지 날아와 두리번거리며 짝을 찾기도 한다.

약 5년 전, 정읍 어느 시골 소나무 숲속에서 천연기념물 솔부엉이를 만난 적이 있었다. 근처에 있는 새끼 둥지를 지키려고 커다란 눈을 뜨고, 가끔씩 이 가지에서 저 가지로 이동하면서 경계하는 모습이었다(사진 참조). 올 여름에는 역시 부엉이과인 소쩍새(혹은 접동새)를 카메라에 담을 절호의 기회가 찾아왔다.

소쩍새는 소리가 애틋하여 많은 시가에 등장하는데, 먼저 떠오르는 것은 "한 송이 국화꽃을 피우기 위하여 봄부터 소쩍새는 그렇게 울었나보다" 이것

❚ 새끼가 있는 둥지를 지키려고 경계하는 솔부엉이

이 아닐까? 학창시절 교과서에 실려 골백 번도 넘게 외웠을 미당(未堂) 서정주의 '국화 옆에서'라는 시이다.

고려 문신 이조년이 지은 옛 시조 "이화에 월백하고 은한이 삼경인제/ 일지춘심을 자규야 알랴마는/ 다정도 병인 양하여 잠 못 들어 하노라"에 등장하는 자규(子規)도 역시 소쩍새이다.

이제 날이 어두워질 무렵 아내와 함께 소쩍새를 찍기 위해 장비를 챙겨 서둘러 서식지에 도착하였다. 이 새는 야행성이라 보통 어둠이 깔리는 저녁 시간부터 새벽까지 먹이활동을 한다. 주로 나방과 벌레를 사냥하지만 간혹 개구리나 쥐 같은 설치류도 잡는데, 수컷이 먹이를 잡는 동안 암컷은 둥지에서 새끼를 돌보는 데 시간을 보내는 것 같았다.

그런데 신기하게도 날갯짓하는 소리를 전혀 내지 않고 날아다니는데, 불빛

277

이 없으면 언제 왔는지 도무지 알 수 없을 정도였다. 부드러운 깃털 때문에 사냥감에게 들키지 않게 소리 없이 접근할 수 있는 것이다. 그 깃털은 실 종류 중에서 머리카락 굵기의 100분의 1보다 더 가는 극세사(極細絲) 같다고나 할까.

진화론에서는 파충류 비늘이 진화하여 이런 조류 깃털이 되었다고 주장하는데, 지나가는 소가 배꼽잡고 웃을 일이다. 비늘이 점점 퇴화되어 생긴 불안전한 깃털은 제 기능을 할 수가 없을 테고, 날갯짓을 할 때 나는 소리 때문에 사냥감을 잡지 못해 멸종되지 않았겠는가!

또한 후천적으로 획득한 유전자는 후손에 전해지지 않으니 아무리 비늘이 퇴화되었어도 새끼는 다시 파충류로 태어났을 게 뻔하다. 이런 세 살짜리 아이도 이해할 당연한 이야기를 글로 설명해야 하다니 대체 진화론은 얼마나 무지한 사이비 과학이란 말인가!

깃털은 주님의 놀라운 지혜로 창조주간에 만들어졌는데 새의 조상이라는 시조새도 마찬가지다. 시조새도 완벽한 새의 깃털구조를 지닌 것으로 확인되었다. 그래서 최근에는 진화론의 선두주자들도 시조새를 파충류와 조류의 중간체로 여기지 않고 있다. 그들 중 세계적인 고조류학자 알란 페두시아(A. Feduccia)조차 이에 관해 다음과 같은 주장을 하고 있다.

"고생물학자들은 시조새를 땅에 살던 깃털 달린 공룡으로 설정하려고 시도해왔다. 그러나 사실 이 생물은 새, 나무에 앉는 새이다. 어떤 고생물학적 논란도 이것을 바꿀 수는 없다."

독일 졸른호펜 석회암층에서 발견된 몇 점 안 되는 이런 시조새 화석은 노아의 홍수에 의해 만들어 졌으며 완벽한 새로 밝혀졌고 진화의 중간 생물이 아니다. 더구나 파충류와 새의 중간 형태 화석은 지금까지 단 하나도 발견된 적이 없다.

아아 으악새 슬피우니 가을인가요

　50년대부터 수십 년간 국민의 사랑을 받아 온 고복수씨의 노래 '짝사랑'이란 가요의 가사 첫 부분이다. 다른 사람들도 마찬가지겠지만, 나도 처음에는 '으악새'를 '억새(풀)'로 알았다가 최근에서야 날아다니는 '새'임을 알게 되었다.

　이 곡의 작사자 박영호씨는 왜가리(사투리로 왁새)가 "으악~ 으악~" 혹은 "왁~ 왁~" 하고 우는 소리를 듣고 의성어로 표현했다는 것이다.

　이와 마찬가지로 '진화론은 과학, 창조론은 종교'라는 잘못된 등식을 학교와 매스컴에서 끊임없이 주입했기 때문에 하나의 종교(신념)에 불과한 진화론이 오히려 유일한 진리인 것처럼 착각하게 만들어버렸다. 이런 그릇된 사고 체계에서 벗어나 올바른 성경적 패러다임으로 보면 밤에 소리 없이 활동하는 사냥꾼 새들도 진화가 아닌 주님이 창조하신 존재임을 분명히 알 수 있을 것이다 .

오 주여, 주께서 행하신 일들이 어찌 그리 많은지요! 주께서 지혜로 그것들을 다 만드셨사오니 주의 부요하심이 땅에 가득하나이다. (시 104:24) ❖

 맺는 글

역사의 종말로 치닫는 시대에

홍수가 나면 물이 지천이지만 정작 마실 물은 없다는 중국 속담이 있다. 해가 갈수록 지식의 홍수 속에서 생명으로 인도하는 진리는 더 찾기 힘든 세상에 우리가 살고 있기에 이 속담이 더욱 가슴에 와 닿는다. 오히려 떳떳하게 비진리를 진리라고 외치는 사람들의 도덕적·정신적·영적 해이는 날로 심해지고 있는 것 같다.

가슴에는 21세기 현대인이라는 구겨진 이름표를 달고 어깨에는 착각이라는 짐을 얹은 자들이 지구라는 자동차를 수시로 타고 내리는 형국이다. 제동장치가 풀린 이 지구 자동차는 분명 안개 속 내리막길을 따라 역사의 종말로 치닫고 있다.

그런데도 정작 차 안에서는 사태의 심각성을 모르고 있다. 방향감각은 물론 내릴 곳도 잊은 채 자신들의 일에만 집중하는 모습이다. 이것은 마지막 시대를 살아가는 타락한 인간의 진면목이며 온 인류와 우주의 사용설명서인 성경에도 기록되어 있다.

지금까지 일관되게 창조과학이라는 도구를 이용해 성경 말씀과 일상생활

속에 있는 증거들을 찾은 다음, 이처럼 방황하는 이들을 위해 올바른 나침반을 제시해 보았다. 비록 천학단재(淺學短才)이지만 부족한 글을 빌어 망대 위 파수병의 심정으로 "그 길은 잘못된 길, 멸망의 길이야!"라고 힘껏 외치게 된 것이다.

단지 나의 절규가 메아리로 끝나지 않고, 독자들이 자신을 되돌아보고 바른 길, 바른 세계관을 선택한다면 이 책의 목적은 실현된 셈이다. 특히 이 나라를 짊어진 젊은이들이 깊은 잠(진화 가설)에서 깨어나 희망찬 새벽(창조 진리)을 맞이할 수 있다면 더 바랄 것이 없겠다.

이 책의 처음과 끝에 함께하신 우리 주님께 감사드린다. 그분께서 지혜와 환경을 허락해주지 않으셨다면 단 한 줄의 글을 제대로 쓸 수도, 단 한 장의 멋진 사진을 찍을 수도 없었을 것이기 때문이다. 이제 잠시나마 탈고의 기쁨을 누리며, 그동안 바빠서 뒷전으로 미뤄 둔 책도 읽고, 가끔 아내와 함께 뒷동산을 산책해야겠다. ❖

렌즈를 통해 바라본 창조세계

곤충 | 야생화 | 새 | 풍경 | **사진 손금숙**

이 작품들은 신실한 신앙인이자 사진작가인 필자의 아내가 심혈을 기울여 담아낸 것이다. 지면관계상 국내에서 촬영한 것 중 일부만 선정했다.

솔로몬의 모든 영광과도 족히 비교할 수 없는 피조물의 아름다움! 그리고 그 아름다움을 조성하신 주님의 섬세한 손길을 발견하는 일은 그리 어렵지 않다. 우리 주변에서 흔히 볼 수 있는 야생화나 새, 곤충, 풍경 등 창조세계의 모든 것이 그것을 간직하고 있기 때문이다. 다만 진화론이란 색안경을 낀 사람들에게는 감추어져 있을 뿐. 시야를 가리는 그 색안경을 벗고 겸손한 마음으로 창조물을 다시 본다면 숨은 비밀들이 조금씩 모습을 드러내리라.

이제 창조의 비밀들과 주님의 손길을 찾기 위해 작품 속으로 여행을 떠나보자. 피보나치수열과 황금 비율, 프랙탈 구조 등 특수한 법칙과 패턴으로 이루어진 아름답고 완벽한 창조는 그분의 영원하신 권능과 신격을 말없이 표현하고 있을 것이다.

▮ 긴꼬리제비나비

▮ 까치수염과 푸른큰수리팔랑나비

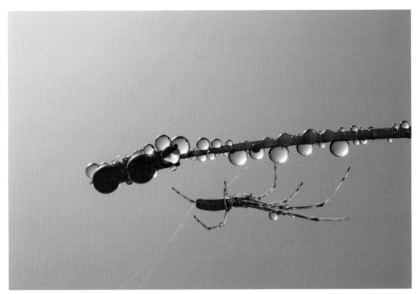

▌꽃무릇수술아래 갈거미

▌말매미 우화(羽化)

▌무궁화하늘소(모시긴하늘소)

▌박각시나방

▌뱀허물쌍살벌

▌ 사마귀약충

▌ 암먹부전나비

┃ 작은주홍부전나비

❚ 버들재주나방

❚ 여름좀잠자리

▌닭의난초

▌금강애기나리

▌동강할미꽃

▌금강초롱

▌모데미풀

▌금낭화

▌청노루귀

▌금난초

▌물매화

▌ 참기생꽃

▌ 너도바람꽃

▌ 남바람꽃

▌ 호자덩굴

▌ 흰괭이눈(큰괭이눈)

■ 둥근잎꿩의비름

▌복주머니난

▌얼레지

▌수정초

■ 은방울꽃

▌자란

▌현호색

▌처녀치마

새

▌ 곤줄박이

▌ 어치

❚ 박새

❚ 붉은머리오목눈이

▌긴꼬리딱새(수컷)

▌긴꼬리딱새(암컷)

▎후투티

▎소쩍새

▍딱새(수컷)   ▍딱새(암컷)

▍오토바이 헬멧을 보금자리로 삼은 딱새 가족

▌ 제비갈매기

▌ 노랑턱멧새

▌되새

▌호랑지빠귀

▌찌르레기

▌청딱따구리

▌노랑할미새

▌논병아리

▌동고비

▌직박구리

▎물까치

▎물총새

▌ 여수 무슬목 일출

▌ 여수 무슬목 몽돌

▌담양 메타세콰이어 길

▌고창 동림저수지 가창오리 군무

▌ 부안 솔섬

▌ 순창 강천산계곡

▌영월 상동 이끼계곡

▌고창 선운산계곡

❚ 보성 녹차밭

❚ 안면도 꽃지해수욕장

❚ 영광 물돌이

| 부록. 렌즈를 통해 바라본 창조세계 |

▌태백산

▌충북 보은 해바라기

■ 영광 백수

❚ 완주 국사봉

❚ 완주 편백숲

▌전주 아중리

❚ 진안 마이산

❚ 청송 주산지

▎부안 계화도 일출

참고자료

신앙·역사

킹제임스 흠정역 400주년 기념판 (그리스도예수안에)

세상을 바꾼 책 킹제임스 성경 (그리스도 예수안에 편저)

1세기 가야는 기독교 국가였다 (도마박물관, 조국현)

가락국기(駕洛國記) (조국현 목사 자료 제공)

길가메시 서사시 (범우사, N. K. 샌다르, 이현주 옮김)

떨기나무1 (두란노, 김승학)

떨기나무2 (생명의말씀사, 김승학)

또 하나의 선민 알이랑 민족 (예루살렘, 유석근)

요한계시록 바로알기 (그리스도 예수안에, 김재욱)

최초의 신화 길가메쉬 서사시 (휴머니스트, 김산해)

프리메이슨과 그리스도인의 종말신앙 (도서출판 흰돌, 손경대)

허황후의 스토리텔링 (역사발굴관광자원화연구소, 임원주)

지질·화석·공룡

2009 과학연구교사제 운영 자료집 (경상남도과학교육원 편찬)

가자! 신비한 공룡의 세계로 (꿈을 이루는 사람들, 폴 테일러)

가족과 함께 떠나는 주말 지질여행 (도서출판 이치, 한국지구과학회 편찬)

경남의 화석과 생태체험 길라잡이 (경상남도과학교육원 편찬)

공룡과 함께 떠나는 시간여행 (꿈을 이루는 사람들, 켄 햄 지음, 천미나 옮김)

공룡대백과 (효리원, HR기획 글, 최광섭 그림)

공룡 하나님이 만드셨어요 (겨자씨, 글 조덕영, 만화 윤교석)

공룡학자 이융남박사의 공룡대탐험 (창비, 이융남)

땅을 보고 하늘을 보고 (좋은땅, 배용찬)

두산세계대백과사전 (두산동아, 전30권)

망치를 든 지질학자 (가람기획, 장순근)

생명의 흔적 화석 Fossil (계명대학교출판부, 전진석)

숨겨진 공룡의 비밀 (꿈을 이루는 사람들, 듀안 기쉬, 서용연 옮김)

스미스가 들려주는 지층 이야기 (자음과 모음, 김정률)

우리 땅 우리 돌 길라잡이 (Book communication, 조원식)

한국지리 이야기 (한울, 권동희)

한국의 공룡화석 (궁리, 국립문화재연구소)

한국의 자연지리 (서울대학교출판부, 김종욱 외)

한국의 화석 (시그마프레스, 윤철수)

한국지형산책1, 2 (푸른숲, 이우평)

한국창조과학회 홈페이지 자료실

화석, 지구 46억 년의 비밀 (시그마프레스, 송지영)

화석은 말한다 (도서출판 예향, 필 세인트, 정동수 옮김)

화석 Fossils (두산동아, 키릴 워커, 데이비드 워드, 이융남 옮김)

Dinosaurs (MB, Dr. Tim Clarey)

Grand Canyon (ICR, S.A.Austin)

Guide to Dinosaurs (ICR, Harvest House)

Noah's Ark (ICR, John D. Morris)

Noah's Ark & The Ararat Adventure (MB, John D. Morris)

The Fossil Record (ICR, Morris & Sherwin)

The Fossil Book (MB, Gary & Mary Parker)

The Global Flood (ICR, John D. Morris)

The Ice Age & The Flood (ICR, Jake Hebert)

The Remarkable Record of Job (M B, Henry M. Morris)

창조·생명·진화

30가지 테마로 본 창조과학 (생명의말씀사, 한국창조과학회)

거미의 법칙 (바다출판사, 오사키 시게요시, 김현영 옮김)

거미의 세계 (다락원 Sci-Net, 임문순 & 김승태)

거미 이야기 (쿠키, 김주필)

과학으로 만난 하나님 (복있는사람, 리처드 스웬슨)

과학으로 본 창조 (유한문화사, 이규봉)

교과서속 진화론 바로잡기 (생명의말씀사, 교과서진화론개정추진회)

기원과학 (두란노, 한국창조과학회 편찬)

날아라 새들아 (다른 세상, 원병오)

노아홍수 콘서트 (두란노, 이재만)

놀라운 창조 이야기 (국민일보, 듀안 기쉬, 한국창조과학회 옮김)

눈의 탄생 (뿌리와이파리, 앤드류 파커, 오숙은 옮김)

물은 답을 알고 있다 1, 2 (나무심는사람, 에모토 마사루, 양억관 옮김)

물총새는 왜 모래밭에 그림을 그릴까 (추수밭, 우용태)

빙하기 사람들은 어떻게 살았을까? (꿈을이루는사람들, 마이클 & 비버리 오드, 김정원 옮김)

빙하시대 이야기 (두란노, 이재만 & 최우성)

삼엽충 (뿌리와이파리, 리처드 포티, 이한음 옮김)

성경과 과학 (한남대학교출판부, 심영기)

쉽게 쓴 창조 이야기 (진흥, 송영옥)

식물에는 마음이 있다 (전남대학교 출판부, 橋本健, 부희옥 천상욱 김훈식 옮김)

신비한 인체 창조섭리 (국민일보, 김종배)

신비한 생물의 창조섭리 (국민일보사, 조정일 & 손기철 & 성인화 지음)

엿새 동안에 (세창미디어, 한국창조과학회 이병수 편역)

우주와 만물은 어떻게 창조되었나? (한국창조과학회, 임번삼)

우리가 정말 알아야 할 우리 새 100가지 (현암사, 이우신 글, 김수만 사진)

우리가 정말 알아야 할 우리 새소리 100가지 (현암사, 이우신 글, 류희상 녹음)

자연과학 (생능출판사, 한국창조과학회 편찬)

자연과학과 기원 (생능출판사, 이웅상 외)

젊은 지구 (한국창조과학회, 존 모리스, 홍기범 조정일 옮김)

정확 무오한 성경 (세창미디어, 이병수 편역)

지구 그 아름다운 설계 (CUP, 구보 아리마사, 이종범 옮김)

진화론이 무너지고 있다 (에스라서원, 스코트류즈, 심영기 옮김)

진화, 그 완벽한 거짓말 (시시울, 구보아리마사, 이종범 옮김)

창세기 믿어? 말어? (말씀과만남, 김무현)

창세기에 답이 있다 (한국창조과학회, 켄함 & 폴 테일러)

창세기의 과학적 이해 (한국창조과학회 편찬)

창조과학에서 발견한 하나님 (도서출판 갈릴리, 김치원)

창조과학의 이해 (도서출판 영문, 허성욱)

창조과학 원론 상,하 (한국창조과학회, 임번삼)

창조과학 콘서트 (두란노, 이재만)

창조는 과학, 진화는 비과학 (도서출판 갈릴리, 김치원)

창조의 과학적 증거들 (두란노, 우사미 마시미, 장혜영 오덕철 김난형 옮김)

창조주 하나님 (두란노, 이재만)

큰 깊음의 샘들이 터지며 (세창미디어, 한국창조과학회 이병수 편역)

큰오색딱따구리의 육아일기 (웅진 지식하우스, 김성호 글 사진)

태초에 하나님이 (예영, 배용찬)

하나님의 천지창조 (한국창조과학회, 그란트 제프리)

한국의 새 (교학사, 윤무부)

한국의 야생조류 길잡이 물새 (신구문화사, 박종길 서정화)

한국의 야생조류 길잡이 산새 (신구문화사, 박종길 서정화)

한손에 잡히는 창조과학 (두란노, 이은일)

Taking Back Astronomy (MB, Jason Lisle)

The Geology Book (MB, DR John D. Morris)

The Genesis Record (Baker Book House, Henry M. Morris)

Thousands not billions (MB, Dr Pon De Young)

의학·건강

건강하게 사는 지혜 (기독교문사, 이길상)

마취통증의학 (여문각, 대한 마취과학회 편저)

병이 났을 때 병원에 가야 하나? 기도해야 하나? (겨자씨, 박관)

웰빙 실내 공기 정화 식물 (문예마당, 월버튼, 부희옥 천상욱 김훈식 옮김)

음악이 건강에 미치는 영향 (도서출판 건생, 황수관 외)

임상 산과마취 (계명대학교 출판부, 전재규)

최고 의사 예수의 10가지 처방 (도서출판 예향, 레오날드 스위트)

처음에
하나님께서
하늘과
땅을
창조하시니라.

In the beginning
God created the heaven and the earth.

(창 1:1)